Management
à contresens
Combien coûte
la démotivation ?

Éditions d'Organisation
Groupe Eyrolles
61, bd Saint-Germain
75240 Paris cedex 05

www.editions-organisation.com
www.editions-eyrolles.com

Anne DOUSSET

Management
à contresens
Combien coûte
la démotivation ?

EYROLLES
Éditions d'Organisation

Sommaire

Troisième partie
PROPOSITIONS POUR
FAIRE RENAÎTRE L'ENGAGEMENT

Avant-propos

Je crains que nos enfants n'aient pas d'aussi bons souvenirs professionnels que nous. Et ceci parce que le monde de l'entreprise a changé, réduisant à la portion congrue ce qui alimentait notre engagement. Je veux parler du plaisir de travailler, du plaisir de faire partie d'une véritable équipe, en admirant sincèrement le dirigeant : nous étions mus par la conviction que ce que nous faisions était utile, performant et valait la peine de s'y engager. Nous avons beaucoup travaillé et reçu des satisfactions en retour. Nous avons appris, grandi et ressenti du plaisir à cela.

Or, le plaisir est l'élément moteur de l'action. Point n'est besoin d'être fin observateur des situations d'entreprise pour relever qu'il n'y est pas le sentiment le plus éprouvé ni le plus cultivé actuellement. En bref, et sans vouloir donner dans le « d'mon temps » des aïeux, il faut bien reconnaître que les choses étaient plus faciles il y a vingt ans qu'elles ne le sont aujourd'hui. Jusque dans les années 1980, le monde du possible était généreux et savoureux : on pouvait faire carrière sans être issu d'une grande école, on était motivé car attaché à l'entreprise pour longtemps, la croissance nous portait et l'on entendait peu parler d'exigence des actionnaires.

Notre propos n'est pas de stigmatiser de « méchants patrons » qui mépriseraient de « gentils salariés » mais de souligner les effets contre-productifs de certains modes managériaux qui, contraints par des exigences financières à très court terme, négligent l'efficacité économique. Or, la durée est un ingrédient essentiel de l'efficacité. Certes, il faut changer, et la conduite du changement est devenue un savoir-faire primordial. Certes, la compétition est autrement plus difficile dans un contexte mondial que dans un contexte local. Certes, la remise en cause est une qualité indispensable et la réduction des coûts incontournable. Certes…

Néanmoins, ne confondons pas le changement alerte – pour s'adapter, pour anticiper, pour inventer avant et mieux que les concurrents – avec un « bal de girouettes » qui systématisent le « faire différemment des précédents ». Trop souvent, en effet, les changements sont opérés par des équipes qui souhaitent surtout imprimer leur marque et créer l'illusion à très court terme, niant un passé qui leur est inconnu et, parfois même, sacrifiant l'avenir à moyen terme.

S'il faut évidemment améliorer sans trêve nos modes de fonctionnement et savoir se remettre en cause constamment, le dessein d'une entreprise ne peut cependant pas changer tous les quatre matins. La construction d'une marque, la conquête d'un marché ou la conduite d'une politique de développement s'inscrivent nécessairement dans la durée.

Ma situation d'observatrice au sein des entreprises m'amène à constater que, de plus en plus souvent, les salariés éprouvent le sentiment douloureux que l'entreprise est dans l'erreur, que leur avis n'est pas important, que leur apport n'a que peu de valeur et que leur engagement est sans effet. Ce management est à contresens en ce qu'il est à la fois contre-productif et dénué de sens : contre-productif car il gaspille les énergies, en l'occurrence les hommes, et dénué de sens car il ne donne pas aux collaborateurs de bonnes raisons de s'engager. À contresens, en définitive, car il produit le contraire de son but premier : créer les conditions d'une mobilisation des intelligences. Par sa complexité et sa volonté de tout réduire à des standards, il sclérose l'initiative.

Introduction

Culture du mépris, création de misère

Je crains que l'on n'exploite pas au mieux l'intelligence collective et les potentiels individuels.

Aujourd'hui, les entités de travail sont le plus souvent de « petits morceaux » de très grands groupes où le pouvoir est concentré. Ce qui est stratégique est décidé « là-haut ». Tous les autres salariés, même ceux qui ont rang de « dirigeants », se retrouvent dans un rôle d'exécution. Dans ce contexte, ce que pourraient ou sauraient apporter tous ces « autres » est tout simplement négligé. Leur avis sur l'essentiel n'est pas sollicité.

Les niveaux hiérarchiques que nous avions pris soin de diminuer il y a vingt ans pour faciliter la communication entre les patrons et la base se reconstituent d'une façon nouvelle. Les patrons sont loin, quelquefois très loin. Le cadre lambda a donc un pouvoir extrêmement limité, alors qu'il est autrement plus diplômé et exigeant que ses aînés.

Dans la famille « dindons de la farce », prenons le cas du patron d'usine. Il a loyalement procédé à une forte diminution du nombre des niveaux hiérarchiques au sein de son site afin d'en fluidifier le fonctionnement. Résultat : alors qu'on « empilait » six ou sept niveaux, on n'en compte plus que trois ou quatre aujourd'hui, en dessous de lui bien sûr. Dans le même temps, la distance créée par le nombre de niveaux entre ce directeur d'usine et le véritable pouvoir s'est accrue. Notre directeur de site rend des comptes au niveau européen dans une configuration matricielle. Il en rend d'ailleurs beaucoup plus qu'avant et, du coup, passe plus de temps à répondre aux exigences du reporting qu'à l'animation réelle de ses équipes.

Je crains qu'un fossé contre-productif ne se creuse entre les stratèges siégeant dans des technostructures matricielles et les opérationnels de terrain.

Et ceci parce que les choix faits par les instances dirigeantes sont trop souvent incompréhensibles – parfois même inacceptables – pour la majorité des salariés. Le management du « toujours moins » (moins de personnel, moins de coûts, moins de moyens) finit par user même les plus engagés, au point qu'ils se sentent méprisés. Les décisions sont prises par des équipes qui ignorent tout des réalités locales et qui sont elles-mêmes jugées à l'aune des résultats à très court terme. Le risque est donc pris de sacrifier le moyen/long terme.

Les équipes, elles, sont généralement en place à plus long terme : elles observent les contresens et les gaspillages. Comme elles préfèrent naturellement le travail bien fait – dans une perspective d'avenir –, au travail bâclé – pour une illusion passagère –, elles n'y trouvent pas leur compte. Ce sentiment, extrêmement préjudiciable à l'efficacité, se développe fortement. Lorsqu'on ne se sent pas digne d'attention et encore moins d'estime, même si ce sentiment ne reflète pas la stricte réalité, l'engagement se délite, le mauvais esprit n'est pas loin. De plus en plus de situations managériales, du fait de la pression des résultats, de l'éloignement des centres de décision, de la complexité des enjeux, produisent, voire installent, ce sentiment. Lorsqu'il devient un mode de gestion, affectant toute la ligne hiérarchique, on peut parler de « culture du mépris ».

Je ne peux oublier cette phrase d'un jeune salarié, venu négocier avec moi les conditions de son départ. Chargé de coordonner les actions conduisant à la diminution des maladies et des accidents professionnels, il animait les programmes de sécurité au travail. Dans l'industrie, chacun sait à quel point ces aspects constitueront, dans les années à venir, un gouffre financier. Ayant appris que l'on supprimait son poste dans le cadre d'un programme de réduction des coûts, il constata amèrement : « Finalement, nous ne sommes que des coûts. » Il avait cru un moment être une ressource.

Je crains que le système dominant de gouvernance des entreprises ne soit pas aussi créateur de valeur qu'il le prétend.

La création de valeur est un concept apparu il y a quelques années. Auparavant, on osait parler de richesse...

Créer de la richesse, c'est tout de même un bon parti ! Il y a eu un concours de circonstances autour du mot « valeur ». Dans les années 1990, certains grands groupes

7

ont jugé pertinent de proclamer leurs « valeurs ». Sans doute avaient-ils perçu la nécessité de donner aux salariés un supplément d'âme distinctif. Aujourd'hui, cela n'est plus distinctif ; c'est même un peu suspect. Saisissant la dynamique provoquée par ce terme, les financiers se sont frayé un chemin et, ni vu ni connu, ont affiché la notion de « valeur pour l'actionnaire ». Le tour est joué. Nous voici maintenant tous baptisés sur l'autel de la valeur...

On explique en toute occasion que ce qui compte, c'est que chaque action ou processus, chaque personne ou service, crée de la valeur. Les dirigeants en ont plein la bouche mais les salariés ne sont pas dupes : ils voient bien, eux, les gaspillages et les contresens. Dans la réalité, la contradiction est telle que, trop souvent, c'est de création de misère qu'il s'agit, en écho à la culture du mépris. Misère car démotivation, misère car non-utilisation des potentiels et misère car absence de sens. On pourrait décliner d'autres craintes et décrier à l'envi les contresens managériaux. Il est, de mon point de vue, plus intéressant et plus constructif de chercher à les dépasser. C'est pourquoi je propose d'aller plus loin de la manière suivante.

La première partie de cet ouvrage expose des faits. Nous y décrivons, au travers de trois récits, de réelles situations de management à contresens, ou comment l'enthousiasme fait place à l'amertume. Les exemples sont pris dans l'industrie, dans des fonctions opération (*supply chain*), marché (marketing/commercial) et support (contrôle de gestion). Ils sont néanmoins tout à fait transposables à toute entreprise : d'aucuns s'y reconnaîtront. La deuxième partie présente, d'une part, un modèle pour chiffrer la productivité du facteur humain, donc le coût du management à contresens. Après une présentation de cet outil, nous l'emploierons dans le cas des récits précédents. D'autre part, nous analysons ce qui a fait le succès de nos entreprises dans les vingt dernières années : les étapes et démarches qui leur ont permis de réussir leurs formidables gains de productivité au travers de la révolution des organisations, notamment dans le secteur des opérations. Nous observerons comment elles sont aujourd'hui confrontées à des variables d'ajustement qui sont beaucoup plus délicates à manier.

Enfin, la troisième partie propose de jouer sur les trois leviers que sont la fierté, la confiance et l'implication, pour nourrir l'engagement des collaborateurs et remettre du bon sens dans le management. Fierté de contribuer à des actions qui, au-delà de la création de richesse immédiate pour l'actionnaire, donnent un sens en employant le savoir-faire de l'entreprise pour des causes utiles, dans une perspective plus éloignée géographiquement ou temporellement. Cela touche notamment aux questions d'identité et de culture. Confiance qui conduit chacun à donner le meilleur de lui-même et donc une efficacité maximale. Cela interroge la relation hiérarchique et le mode de management. Il y sera bien sûr question d'authenticité et – pour utiliser une expression chère à un capitaine d'industrie – de « cheminement en commun »[a]. Enfin, implication qui fait de chacun un acteur et pas simplement un rouage et qui engendre le sentiment d'être partie prenante des décisions et des plans d'action. Voilà ce qui amène les personnes à conjuguer leur entreprise et leur travail à la première personne plutôt qu'à la troisième : « je » et « nous » plutôt que « ils ».

Pour aller au-delà de la simple incantation sur ces trois leviers, chacun d'eux sera illustré d'exemples d'actions réelles et réalistes. En d'autres termes, nous exposerons des démarches de bon sens qui ne sont pas des « usines à gaz » mais des idées pour les entreprises qui veulent miser sur la mobilisation de leurs équipes, l'intelligence collective et l'engagement de chacun pour gagner les prochaines batailles économiques.

a. Antoine Riboud.

Première partie

TROIS HISTOIRES DE MANAGEMENT À CONTRESENS

Sont ici mis en scène trois cadres, responsables dans des entreprises industrielles : Antoine, patron logistique ; Fred, jeune contrôleur de gestion ; et Nathalie, directrice marketing. Toute ressemblance avec la réalité n'est évidemment pas due au hasard. Ces situations « sentent » le vécu pour de très nombreuses entreprises que j'ai eu l'occasion de rencontrer ces dernières années. À l'issue de chaque récit, une réflexion synthétique permet de s'interroger sur des démarches alternatives. Dans la deuxième partie, ces « histoires » seront reprises pour être chiffrées.

11

1

Un manager blessé

Il était une fois... Antoine

Antoine est manager au sein de la direction logistique de son entreprise. Entré comme agent de maîtrise dans l'un des entrepôts, il y a vingt ans, il a acquis de l'expérience dans ce secteur qui a énormément évolué. Il a su se faire apprécier de tous grâce à ses qualités de fond. Ses clients le respectent car il sait les écouter et construit la relation dans la durée tout en les « challengeant » fortement. Ses équipes lui sont dévouées parce qu'il sait les défendre. Ses chefs savent qu'ils peuvent tout lui demander. C'est ce qui lui a valu d'être promu à chaque fois que l'opportunité s'est présentée.

Antoine incarne de façon presque caricaturale le garçon sensible, un peu rustre par défense mais toujours présent quand il faut rendre service. Il est très respectueux de la hiérarchie. C'est pour cela d'ailleurs qu'il s'est toujours senti extrêmement valorisé lorsqu'il était promu, devenant bientôt de plus en plus « gradé ». Le cercle est vertueux. Antoine est un responsable engagé, heureux et efficace.

Mais n'imaginez pas qu'il dispose d'une prestigieuse voiture de fonction, de stock-options ou de je ne sais quelles entrées dans des cercles privés. Pas du tout : il a simplement le droit de louer une voiture, de descendre dans des hôtels où il est bien reçu, et il peut offrir à ses équipes, lors de la réunion mensuelle, un repas convivial dans une auberge qu'il apprécie. Il gère avec attention un budget qui lui permet de montrer au passage qu'il est important. De montrer cela... à lui-même surtout. Il faut bien comprendre qu'il s'agit en fait de signes, et que les signes sont essentiels. Le signe a justement pour vocation d'opérer une distinction : « Ce n'est pas l'objet mais le fait que cet avantage, tout le monde ne l'a pas mais moi si ! » Ce sentiment est encore plus fort chez Antoine car son niveau d'études et son premier emploi ne le destinaient pas à cela. Il éprouve donc un double plaisir à accéder à son statut et à ses attributs : jouissance et fierté, teintées d'un peu de revanche. Il rêvait de devenir cadre et il l'est devenu. Aujourd'hui, il est « manager », ce qu'il n'osait même pas imaginer il y a quelques années...

Depuis trois ans, dans le cadre de l'animation de ses équipes, Antoine fait travailler de concert les responsables des dépôts, ce qui favorise les synergies, permet de partager les bonnes pratiques, de décider des meilleurs standards pour tous, etc. Cette petite communauté se rencontre tous les mois sur l'un des sites. Les ordres du jour sont chargés et l'esprit y est positif. C'est ainsi que, depuis trois ans, les résultats du service dans son ensemble sont en constante amélioration.

Le comité logistique se réunit en province, alors que le siège où travaille Antoine est à Paris. En plus de ces déplacements, il visite souvent chacune des bases pour aider ses collaborateurs, faire le point avec eux, anticiper les difficultés et vérifier l'avancement des projets de modernisation. Vous l'aurez compris, environ trois fois par mois, notre homme part de chez lui le matin en saluant la maisonnée : « Soyez gentils avec votre maman, je reviens après-demain soir, tard.» Lui, si tendre, cela l'ennuie toujours un peu. Mais sa culpabilité s'estompe dès qu'il franchit les escaliers du siège et qu'il est accueilli par l'hôtesse qui le compte parmi les « huiles ».

Avant de gagner son bureau, il passe aux services généraux comme à chaque déplacement pour récupérer son billet de train, son bordereau de location de voiture et sa réservation d'hôtel. Précis, il vérifie ce que Claudine lui tend et découvre qu'il ne loge pas dans son hôtel favori, le « Saint-Paul ».

« Il n'y a plus de place au Saint-Paul ?, s'étonne Antoine.

– Je n'ai pas demandé, répond Claudine un peu gênée, se défaussant. On a des directives de la part des achats. Ils ont passé un accord avec la chaîne "Caro" et il faut aller dans les hôtels "Bisi". C'est vraiment moins cher. Il paraît qu'avec ces économies, on pourra avoir un meilleur résultat et donc plus d'intéressement. Le DRH nous l'a dit. »

Antoine est furieux, ou plus exactement blessé. Mais, tactique, il ne le montre pas trop. Sa première impression est qu'on « se moque de lui » (pour parler poliment). Il le vit comme un affront personnel. Le fait qu'en plus le DRH en rajoute de sa langue de bois l'irrite car il sait bien que ce choix s'est fait sans son assentiment. Il se dit que, même si c'est le boulot du DRH de faire passer les pilules, celle-là est plutôt difficile à avaler. C'est là que le signe prend tout son sens. Au fond, quand on dort, on se moque bien d'être ici ou ailleurs. Sauf que, précisément, il n'est pas là question de la qualité du matelas mais du signe que l'entreprise lui donnait en lui permettant de descendre dans un endroit charmant et, somme toute, pas si coûteux mais dans lequel il avait ses habitudes. Tout cela lui conférait de l'importance.

L'été précédent, il avait fait un petit détour au retour des vacances pour montrer à ses enfants cet hôtel qu'il aimait tant. Ils y avaient pris le thé et Antoine avait présenté sa famille à l'hôtelier qui lui avait témoigné une grande considération, le plaçant aux yeux de ses enfants comme un homme d'affaires de haut rang. En songeant à cela, il se trouve bête. Il a cru naïvement que l'entreprise estimait qu'il méritait ces attentions ! Mais non ! « On se moque de ce que je fais !, pense-t-il. Moi, quand je travaille, je ne m'économise pas ! Je ne fais pas le boulot au strict minimum : j'y mets justement ce « plus » qui fera la différence pour que la logistique soit un élément de compétitivité. Je coopère personnellement avec les transporteurs et avec les équipes sur les sites. Je préviens les problèmes avant qu'ils ne surviennent. Mon attitude est exactement inverse à celle qu'on me renvoie aujourd'hui. »

Antoine se sent atteint au-delà de ce qu'objectivement une telle décision recouvre. Il ne peut s'empêcher de ruminer. « Et si je calquais mon comportement sur cette façon de penser ? Si je me dépensais moi-même au minimum ? » Mais, en même temps qu'il se dit cela, il sait très bien qu'il en est incapable. Il est entier et ne se refera pas. Il reste donc blessé sans trouver de parade à sa souffrance. Il n'a pas le courage d'aller voir immédiatement la direction des achats mais se réserve pour son retour de déplacement. « Ah, les achats ! », soupire-t-il, « et leur bonus ! », ajoute-t-il. Il baisse les yeux, regarde son stylo et son bloc-notes. Son stylo, c'est le sien. « Voilà quelque chose que les achats ne me prendront pas !, pense-t-il. Mais le bloc-notes ? » Il se souvient que la secrétaire en charge des fournitures lui avait laissé entendre, lors d'une

16

précédente commande, qu'il avait des « goûts de luxe » et que le catalogue serait bientôt réduit.

Antoine, en lui-même, sent qu'il redescend l'escalier qu'il a mis vingt ans à monter, à une vitesse accélérée qui lui soulève le cœur. Il se croyait un chaînon déterminant de l'entreprise, il pensait pouvoir prendre certaines décisions et jouir de certains privilèges. Il réalise qu'il est en fait considéré comme un salarié de base. Il n'a qu'à appliquer des procédures établies par de jeunes diplômés formatés par les modèles enseignés dans les écoles et les cabinets de consultants.

Les dossiers à traiter, les sollicitations des collègues et sa fierté personnelle finissent par l'emporter, chassant momentanément sa rancœur. Il peaufine la préparation de son comité, réunit ses dossiers, lorsque le jeune Grégoire, responsable des achats pour le portefeuille des opérations, l'appelle. Le nom s'affiche sur l'écran de son téléphone, ravivant son amertume : « Ils vont pas m'lâcher ceux-là ! », se dit-il en décrochant et en s'annonçant comme si de rien n'était.

– « Tu as bien une réunion du comité logistique, demain ? lui demande Grégoire.

– Pourquoi ?, le questionne Antoine, prudent.

– Parce que tu pourrais ajouter à l'ordre du jour un point sur les palettes ; tu sais qu'elles représentent un coût important pour l'entreprise. J'ai une proposition à faire pour renouveler le stock progressivement avec des palettes plus économiques. »

Antoine a bien envie de le « moucher ». Il envisage des réparties du type : « Et elles sont en papier mâché, tes palettes pas chères ? », ou bien : « Tu t'y connais, toi, en palettes ? », ou encore : « Tu vas te faire combien sur les

17

économies générées pendant que les équipes vont suer à manipuler les nouvelles palettes ? Et les palettiseurs, tu vas nous les changer bientôt pour que ça s'emboîte au poil ? Et les chambres froides ? » Là, il se rend compte qu'il frôle lui-même le mauvais esprit. Il répond calmement et tactiquement :

> – « L'ordre du jour est plein comme un œuf. Je mets cela pour le mois prochain et on en reparlera avant pour voir comment faire travailler les équipes afin qu'elles participent aux choix.
>
> – OK, acquiesce Grégoire, coincé. Mais tu sais, les marges de manœuvre sont très étroites.
>
> – Oui, comme les chambres des hôtels Bisi... très étroites... Celle-là lui a échappé. Mais cela lui fait du bien et lui redonne le sourire. Bon ! Je ne suis pas arrivé à ce niveau pour me laisser déstabiliser par un tel incident, et surtout pas par ce petit morveux ! J'ai vu pire et je m'en suis toujours bien sorti. »

Antoine part prendre son train, puis la voiture et rejoint son équipe sans mot dire, évidemment. Les achats n'ont pas eu le temps de donner les consignes pour les restaurants. On se retrouve donc à l'auberge où l'on passe une soirée agréable. On parle boulot, bien sûr, mais d'une façon détendue et même les soucis sont traités avec bonne humeur. À une exception près : l'un des responsables de dépôt pose une question à Antoine.

> – « C'est quoi, cette histoire de palettes ? Il paraît que les achats ont prévu de remettre celles qu'on avait il y a dix ans et avec lesquelles on a eu plein de problèmes ; ça ne tenait jamais droit dans les rayons des bases, et même, quelquefois, ça n'arrivait pas en état chez le client. »

18

En tant que manager, Antoine doit vite faire un choix déterminant. Soit il s'engage et dit qu'il est vaguement informé mais que rien ne se passera sans que les patrons des dépôts, c'est-à-dire eux-mêmes, ne soient impliqués. Mais il est trop prudent pour adopter cette posture ; il se souvient que « les marges de manœuvre seront étroites ». Ce serait entrer en conflit, ce qu'Antoine évite toujours. Soit il ment et répond qu'il n'est pas averti. Soit encore, il dit la vérité et annonce que les achats fourrent leur nez dans tous les coins à la recherche d'économies sans rien y connaître et que, d'ailleurs, si on voulait bien le raccompagner à l'hôtel Bisi... Non, ce n'est pas son style. Il choisit le mensonge. Mais il n'est pas bon comédien et donc peu crédible pour ceux qui le connaissent bien. Le mois suivant, le comité se passe mal. Grégoire ne convainc personne, Antoine est visiblement en difficulté. On continue cependant de faire preuve d'un bon esprit, ce qui a toujours caractérisé cette communauté, sauvé son existence, donc son efficacité.

Antoine profite de son séjour dans la région pour rencontrer le patron de la compagnie de transport avec laquelle il travaille le plus. Le jour et l'heure approximative sont fixés et à confirmer ultérieurement par portable, ainsi que le lieu. C'est l'interlocuteur qui l'appelle : « On se voit toujours en fin d'après-midi, à dix-huit heures ? Je vous propose l'hôtel Saint-Paul. Vous verrez, c'est un lieu charmant et on y est très bien accueilli, ce qui devient rare... »

Sur la route de l'hôtel, Antoine ne pense pas au contenu de sa réunion, comme il l'aurait fait normalement. Son esprit vagabonde... « Lui, au moins, il ne sait pas ce qu'est un service achat, songe-t-il. Tiens, je pourrais lui refiler Grégoire... Qu'est-ce que je vais dire au patron de l'hôtel ? Que je fais l'aller-retour dans la journée ? Je n'y avais même pas pensé ! Oui, je n'ai qu'à faire ainsi. C'est plus fatigant mais si cela me fait des journées de quinze heures, je pourrais peut-être récupérer un vendredi par-ci par-là. Pour la famille, ce serait bien.» Laissons Antoine au Saint-Paul. Et, avant de procéder à un chiffrage du coût de la situation, analysons ce récit sous l'angle des alternatives : comment aurait-on pu s'y prendre pour éviter une telle « dégradation » ?

Comment aurait-on pu éviter cela ?

Bien sûr, en prenant simplement le temps de se mettre à la place d'Antoine, de le considérer comme une personne porteuse de réactions. Au fond, il est exactement comme chacun d'entre nous. Nul autre que son patron n'avait de chance de le convaincre car, à ses yeux, c'est la seule personne légitime pour lui demander une telle remise en cause. Et encore, ce n'était pas gagné ! Il fallait surtout du temps à Antoine pour qu'il fasse de ce nouveau challenge son propre projet.

Il est frappant de constater que les directions, qui mettent parfois un temps considérable (en tout cas, très souvent plus long que prévu) à se faire un avis et prendre une décision, s'imaginent que les équipes d'en dessous vont s'en emparer instantanément grâce à une simple action de communication... Si les directions prennent du temps pour analyser, comparer puis décider, il est normal que leurs équipes en prennent également pour comprendre et surtout pour s'approprier le projet. Or, c'est bien de cela qu'il s'agit : faire sien l'objet du changement. C'est la condition de la réussite. On le sait depuis toujours.

Les entreprises qui ont réussi cette difficile remise en cause l'ont menée dans le temps et en intégrant les achats aux autres services. Si l'acheteur en charge du transport travaille autant avec les logisticiens qu'avec son service (achat), il a plus de chances de se faire entendre que sous la contrainte. La chose n'est pas aisée car, bien souvent, les acheteurs sont organisés mondialement et sont, de fait, éloignés. Sans doute trop. Du coup, se pose la question des relais locaux – qui n'ont pas été mis en place dans notre cas.

En résumé, trois éléments ont péché dans cette histoire : le patron d'Antoine qui ne s'est pas investi, la gestion du temps et enfin le fonctionnement de la direction des achats, dont les acteurs n'étaient pas assez impliqués dans les services qu'ils remettaient en cause.

Épilogue

Lors de la « people review » deux ans plus tard, le nouveau DRH pose la question « qui tue » au directeur de la *supply chain* :

– « Antoine a cinquante et un ans. L'organisation a-t-elle l'intention de le garder encore dix ans ? S'il quittait l'entreprise, on pourrait le remplacer par un jeune plus flexible et moins coûteux. Mieux encore : revoir l'organisation et supprimer un poste.

– Plus on attend et plus ça coûte cher, constate le directeur de la *supply chain*.

– … Et plus ce sera difficile pour lui de se reclasser, renchérit le DRH. »

Conclusion : il faudrait être irresponsable pour garder Antoine dans l'organisation. Une fois prise la décision de le licencier, les quelques personnes qui en sont informées vont le considérer comme un condamné, ce qui ne va pas améliorer son efficacité.

Les jeux sont faits. Antoine sera licencié à cinquante-deux ans. Bien sûr, on fera cela proprement. Il aura de bonnes indemnités, un outplacement et les honneurs de la presse interne. Encore une fois, cela coûtera cher. À l'entreprise d'abord, car il faudra payer le coût du départ. Mais aussi à la société, car Antoine émargera aux Assedic probablement un certain temps. Après cela, on s'étonnera que les enfants d'Antoine n'aient pas très envie de s'investir dans leur travail...

2

Un contrôleur de gestion désenchanté

Il était une fois... Fred

Fred, trente-deux ans, est contrôleur de gestion. Il est ambitieux. Pas au point d'écraser tout sur son passage, mais suffisamment pour ne pas se contenter d'un job qu'il jugerait fade et non évolutif. Sans pour autant prendre la décision radicale d'envisager la recherche d'un nouveau poste, assortie d'échéances et de moyens, il a simplement mis « le nez à la fenêtre », comme on dit pudiquement. Cette formule apporte à qui en use un confort bienfaisant. D'abord parce que si la recherche est infructueuse, on n'est pas franchement déstabilisé. « C'était juste pour voir », dira-t-on. Ensuite, parce qu'elle autorise à rester discret vis-à-vis de son entourage professionnel : « Bien sûr, si je cherchais activement, je le dirais. » Et si ça marche, c'est jubilatoire : « J'ai trouvé sans vraiment chercher ! » (Comprendre : « Qu'est-ce que je suis bon et désirable ! »)

C'est, en l'occurrence, exactement ce qui s'est produit. Fred a lu une annonce dans *Les Echos* du mardi. Il s'agissait d'un poste de contrôleur de gestion d'une *business unit* au sein d'un groupe. Membre du comité de direction, son rôle consistait à aider les patrons commerciaux, marketing et industriels à prendre de bonnes décisions grâce à des analyses, des simulations et des propositions. « Cette annonce est faite pour moi, et moi pour ce job », s'était-il dit. Il s'y voyait bien : conseiller les décideurs, chiffres à l'appui ; trouver des moyens d'optimiser, etc. Par la suite, il y aurait forcément des opportunités de promotion puisqu'il s'agissait d'un groupe.

Fred a simplement appelé le chasseur de têtes. Le reste s'est enchaîné naturellement. Il avait toutes les raisons d'être retenu. N'étant pas aux abois, il dégageait une confiante sérénité. Par les prétentions qu'il affichait, il apparaissait sérieux et exigeant. Et comme il était content de lui, il arborait une mine sympathique : le tour était joué. Un mois après avoir mis « le nez à la fenêtre », il franchissait la porte du bureau de son patron pour lui présenter sa démission.

Retrouvons-le, quelques semaines plus tard, dans sa nouvelle entreprise. Ses collègues sont franchement accueillants, l'ambiance est excellente et le poste est effectivement stratégique, à en juger par la fréquence à laquelle les dirigeants les plus haut placés l'appellent pour lui demander des précisions. Au cours des premières semaines, Fred travaille énormément pour connaître tout de la société, de ses produits, de son organisation. Il rencontre les personnes les plus importantes de la société. Il veut être promptement à la hauteur. Bien sûr, parallèlement au programme d'intégration, il mène un travail quotidien de suivi des ventes et de reporting. D'ailleurs, ce dernier exercice devient de plus en plus

24

exigeant ; le groupe a demandé à ce qu'il devienne hebdomadaire plutôt que mensuel.

À l'issue de la période d'essai de trois mois, Fred s'en ouvre à son patron :

> – « Je comprends bien que le groupe – et nous également – ayons besoin d'y voir clair pour conduire la suite mais, à trop analyser le passé, on se prive de regarder l'avenir. C'est ce qui me gêne. Je ne donne pas ce que j'aimerais en termes de conseils pour appuyer les prises de décision.
>
> – C'est juste, acquiesce Thierry, son patron, directeur financier qui redoute toujours les affrontements. D'ailleurs, nous allons justement consacrer davantage d'énergie aux prévisions. Ce sont les "forecasts". Au lieu d'en produire tous les six mois, nous en ferons tous les trimestres et au lieu qu'ils se projettent sur un an, ce sera sur dix-huit mois. C'est une sorte de "rolling forecast". »

Pas vraiment convaincu mais soucieux de montrer son caractère positif, Fred se contente de cela. Il ajoute à sa charge de travail, déjà lourde, des exercices supplémentaires dont la nature relève du simple maniement de tableaux Excel. Fred est déçu. Il avait intégré cette société pour jouer un rôle qu'il ne joue finalement pas. On se sert de lui comme d'un pourvoyeur de données chiffrées ; les autres s'en réservent l'interprétation. Déjà frustrant en soi, c'est d'autant plus vexant qu'il a cru – et rêvé – autre chose.

D'un côté, son patron lui en demande toujours plus pour répondre aux exigences du groupe, mais sans lui donner de moyens supplémentaires. De l'autre, le patron de la *business unit* et les collaborateurs commerciaux et marketing réfléchissent entre eux et l'associent peu. Il est pris dans un cercle vicieux. La vie professionnelle de Fred

25

est donc ponctuée, de façon serrée, par les tâches hebdo-
madaires, mensuelles et trimestrielles auxquelles s'ajoutent bien sûr les diverses réunions et aléas. De dix, il est
passé gentiment à onze, voire à douze heures de travail
par jour. « Pour un projet auquel je crois, passe
encore… », se dit-il souvent en rentrant tardivement chez
lui.

Il profite de l'entretien annuel pour évoquer de nouveau
sa conception de la fonction de *controller* avec son
patron. Il est maintenant là depuis près d'un an. Il a donc
« fait le tour » complet de l'exercice. Il estime que si l'an
prochain présente la même configuration, cela n'a aucun
intérêt. Il souhaite disposer d'un peu de temps pour réfléchir, analyser, « challenger » ses collègues, proposer des
simulations sur des hypothèses nouvelles, etc. Thierry le
trouve complètement idéaliste. Il tourne la question
autrement :

– « Un an, ce n'est pas assez pour prétendre à une
promotion. Il faut faire trois tours.

– Ce n'est pas ce que je veux dire, tente d'expliquer Fred, un
peu las. Ce job peut m'intéresser pendant plusieurs années s'il
inclut autre chose que du forecast et du reporting.

– Si tu souhaites en faire plus, tu peux toujours, conclut le
patron. »

Depuis cet entretien, Fred ne voit plus les choses de la
même manière. Ce qu'il a entendu l'a fait passer du vert
au rouge. « Thierry sait que je bosse douze heures par
jour et il me dit que si je veux je peux en faire plus ?! »
Une limite est franchie. Non seulement le responsable
hiérarchique refuse de traiter le problème, mais, ce
faisant, il affiche du mépris pour celui qui le lui soumet.
Un ressort s'est cassé, qui relève de la confiance.

En fait, Fred tournait autour du pot et n'osait pas demander de renfort ; c'est bien cela qu'on aurait dû traiter. En recrutant un débutant, formé par Fred, ce dernier aurait pu dégager du temps pour des tâches à réelle valeur ajoutée, laissant au jeune les plus simples. On aurait travaillé mieux et, en plus, on aurait eu quelqu'un en place pour un besoin ultérieur ; c'était évident mais tabou. Dans une société qui réduit ses coûts, il y a des demandes que l'on ne formule pas. On apprend très vite cela. Cet apprentissage est pervers car il inhibe toute initiative. Les entreprises sont douées pour inculquer un certain nombre de règles incontournables ou d'interdits indiscutables. Les collaborateurs entrent dans le moule et les remises en cause n'ont plus lieu, éteignant toute créativité. Ici et maintenant, la consigne est : « On n'augmente pas les effectifs. Point barre. »

La suite de l'entretien – un rien policée – porta sur les moyens de prévoir et de planifier. Fred adopta une attitude réservée. Du coup, l'entretien finit en « eau de boudin » par un merci convenu, de part et d'autre, et deux soupirs simultanés, une fois les deux protagonistes éloignés. De retour à son bureau, Fred se met à réfléchir à l'exercice de planification et de prévision qui aurait dû constituer le cœur de son activité. En général, on parle de planification stratégique. C'est un exercice annuel, le plus souvent réservé aux comités de direction et plutôt confidentiel. « Puisqu'ils refont le monde et que tout est permis, il est bien normal que les hypothèses les plus loufoques soient envisagées sans être communiquées », pense-t-il.

Cet exercice commence effectivement par une réflexion ouverte – faite « au vert » car cela favorise la créativité – sur les marchés, leur évolution et les choix stratégiques que pourrait recommander le comité de direction. Sa

27

grande faiblesse réside dans le fait qu'une fois cela réalisé, après que ce comité s'est pris au sérieux et que le temps le rattrape, il faut passer aux chiffrages. Là, le principe de réalité vous fait reprendre le cours des choses. La planification stratégique se résume, traditionnellement, à une partie de *team building* du comité de direction puis à une prévision plutôt tactique pour se garder quelques coussins, sachant que « le groupe nous en redemandera ».

Fred a lu les plans rédigés les années précédentes et il constate que l'histoire est toujours, à peu de choses près, la même. On écrit un plan à trois ans. La première année est prudente car on sait qu'elle servira de référence dans quelques semaines pour établir le budget. Il s'agit de rendre des comptes à court terme et d'asseoir les bonus dessus. Comprenez que « ça ne rigole pas » : les membres du comité de direction ayant environ 40 % de leur rémunération annuelle attachés à la réalisation du budget... Les deux années suivantes sont beaucoup plus optimistes. La troisième est la plupart du temps carrément irréaliste. Cependant, il faut bien raconter une belle histoire... Fred a cherché en remontant sur dix ans. Il n'a jamais vu que la troisième année d'un plan ait été réalisée. De toute façon, il se passe toujours des tas d'événements, beaucoup d'éléments interfèrent, qui rendent les choses difficilement comparables... Autant dire que tout cela est vain, si ça ne sert qu'à raconter cette histoire à laquelle personne de sensé ne peut croire...

Fred est perplexe. D'un côté, il existe une soi-disant réflexion stratégique confidentielle à laquelle il n'a pas accès et au sujet de laquelle il est assez critique. De l'autre, il ne peut se décharger sur un jeune cadre fraîchement recruté. S'il veut en faire plus, il doit se débrouiller pour dégager du temps. Il parle de ce problème à son homologue de l'autre division. Ils se trouvent des sujets communs de difficultés et s'octroient une petite heure de confidences sur ce qu'ils pensent de la gestion de l'entreprise. Cela fait du bien. Ils prennent l'habitude de ces moments de confidence, les font durer de plus en plus longtemps. Pas toujours devant la machine à café ; ils savent se faire discrets sur leurs états d'âme. À chaque contrariété, le téléphone sonne : « Tu ne sais pas la dernière ? » Le mauvais esprit n'est pas loin... Cela fait maintenant dix-huit mois qu'il est entré, tout feu tout flamme, dans cette entreprise. Hier, un chasseur de têtes l'a contacté. Il est tenté. Au moins pour voir... Deux mois plus tard, Fred présente sa démission à son patron.

Comment aurait-on pu éviter cela ?

Cette histoire décrit comment, en l'espace de dix-huit mois, une personne est passée d'un enthousiasme sans faille à une aigreur frôlant le mauvais esprit. À la base de ce type d'évolution on trouve, presque toujours, la politique de l'autruche. On ne dit pas les choses parce que l'on ne veut pas passer pour un critique négatif. On ne dit pas les choses parce que, de toute façon, les dire n'y changerait rien : on n'a pas la main, c'est « au-dessus » que cela se passe. On ne dit pas les choses parce que c'est désagréable. Finalement, on ne dit pas les choses parce qu'il est trop tard ; on ne comprendrait pas pourquoi on ne les a pas dites plus tôt. On est alors « fait comme un rat », et il faut trouver une porte... de sortie. Ce scénario est d'un commun... et pas seulement dans la sphère professionnelle. Il s'agit donc d'un problème de relation, de communication ou de management, appelons-le comme on veut. En tout cas, il s'inscrit dans un registre jugé plutôt irrationnel, surtout par ceux qui occupent justement des fonctions éminemment rationnelles. Notre prescription est simple : traiter le sujet en trois

29

temps : objectivation, exposé et suivi. Comme n'importe quel problème, en définitive.

Objectiver aide à sortir de la sphère du politique. On s'empare de la question comme de n'importe quelle autre, en l'analysant sous ses différents aspects, sans tabou. On peut faire un schéma, établir un argumentaire en trois temps, dessiner un tableau ; peu importe, du moment que l'on traite la question de façon objective. Dans notre cas, on peut chiffrer la mauvaise utilisation des compétences de Fred. Un junior aurait pu faire son job en étant moins coûteux. On peut aussi instruire, chiffres à l'appui, l'augmentation des exigences du groupe qui génèrent du temps de travail supplémentaire. On peut enfin analyser le processus de décision de la *business unit* et pointer le maigre rôle qu'y joue le *controller*. Bref, les angles d'attaque ne manquent pas. L'analyse est facile. Il faut seulement la faire correctement, sans parti pris.

Exposer est la phase la plus délicate. En exposant le problème à son boss ou à une autre personne, on s'expose surtout soi-même. En général, on n'aime pas trop. On sait bien qu'on peut devenir, par la demande même, « le » problème aux yeux de l'institution. Il existe des techniques, comme celle du « message je[1] » qui consiste à oser exprimer ce que l'on ressent en le fondant sur une description objective : les faits objectifs, comment ils m'impactent et donc ce que je ressens (injustice, frustration, furie, etc.).

---

1. Technique de Gordon.

Enfin, **assurer un suivi**, ne pas « lâcher le morceau » et constater les avancées à un rythme régulier, de sorte que l'autruche ne revienne pas.

Épilogue

Le recrutement de Fred a coûté cher : le chasseur de têtes, la formation qu'il a suivie, et un salaire un peu supérieur au marché. Mais son départ coûtera beaucoup plus cher. En effet, en attendant le recrutement de son remplaçant, ne pouvant évidemment pas se passer de rendre des comptes et de construire les fameux *forecasts*, il aura fallu trouver une solution. Au pied du mur, on n'a pas le choix. On a donc payé à un cabinet chaque mois le salaire annuel de Fred ! On aurait pu se payer soixante stagiaires pour ce prix ! Il vaut mieux en sourire…

Bien sûr, le recrutement s'est étalé sur près de six mois parce que les candidats cherchaient à savoir pourquoi le précédent titulaire était parti si vite. Cela semait le doute… Finalement, le consultant a émis une recommandation (c'est toujours plus facile de l'extérieur) : recruter un contrôleur senior avec, à ses côtés, un junior. Le poste en serait plus attractif et la relève serait assurée. Heureusement que Fred n'était pas là lors de cette recommandation. Du coup, le recrutement se fera plus facilement, nos deux nouveaux arriveront presque en même temps et feront équipe.

Fred apprendra, quelques mois plus tard, que sous l'expresse recommandation du directeur général, le jeune fils d'un dirigeant du groupe viendra compléter l'équipe. Fred a beau savoir que nul n'est prophète en son pays, il a du mal à comprendre le processus qui a conduit l'entreprise à se doter de beaucoup plus de ressources que ce que lui-même aurait osé demander.

31

3

Une directrice marketing amère

Il était une fois... Nathalie

Nathalie est, depuis peu, directrice marketing d'une entreprise de biens de grande consommation. Elle mène une carrière assez classique, commencée il y a quinze ans : un stage de troisième année d'école de commerce débouchant sur une embauche en tant qu'assistante chef de produits dans un grand groupe. Un an plus tard, on lui offrit l'opportunité de gérer seule une gamme de produits. Le succès fut tel qu'il la conduisit à changer de poste pour prendre une gamme plus large. Ensuite, elle a intégré une autre entreprise, plus modeste mais dans laquelle elle bénéficiait d'une meilleure visibilité sur la stratégie. Après avoir occupé un poste transversal à l'interface du marketing et du commercial, elle fut naturellement nommée chef de groupe, métier qu'elle a exercé avec bonheur et succès.

L'an dernier, le directeur marketing étant sur le départ, l'entreprise lui a proposé son poste. Elle anime maintenant trois chefs de groupe qui encadrent chacun une équipe de quatre personnes en moyenne. De plus, et c'est une spécificité de l'entreprise, la partie « catégorie management » fait partie de son champ d'action. En d'autres termes, c'est chez elle que sont définis les plans commerciaux et que sont élaborés les outils associés, déclinés ensuite à la direction commerciale, en central et sur le terrain. Cinq personnes sont affectées à cette tâche.

Le chiffre d'affaires qu'elle doit gérer est conséquent. Il s'agit néanmoins de le faire croître dans un marché plat. Nathalie se préoccupe donc tout particulièrement du taux de croissance des ventes et des parts de marché. Pour y parvenir, elle dispose de moyens : son équipe d'abord, constituée de jeunes bien formés, sympathiques et ambitieux, et un budget qui lui permet d'innover (ou de rénover), d'une part, et de soutenir les actions commerciales par de la publicité et des actions de promotion, d'autre part. Cela la place en posture d'arbitrer entre les souhaits des chefs de produits, qui entendent évidemment disposer de moyens pour soutenir leurs projets, et les actions décidées en termes de développement commercial. Cette situation est parfois délicate…

Vous l'aurez compris, le marché est agressif. Il faut être astucieux à court terme et visionnaire à moyen terme. La tâche n'est donc pas aisée mais Nathalie a de l'énergie à revendre et est agile intellectuellement. Ses équipes, pour lesquelles elle représente un modèle, calquent leur attitude sur la sienne. Autrement dit, c'est une atmosphère studieuse – bien que fort enjouée – qui règne dans cette direction. On y fait preuve d'engagement, de créativité et de rigueur. D'ailleurs, tôt le matin et tard le soir, on peut compter les voitures sur le parking. On repère facilement celles des marketers, généralement vétustes et petites. Je

34

ne ferai pas de généralités sur les caractéristiques opposées des voitures et de leurs propriétaires... Quoique...

Nathalie adore son métier. Elle est passionnée par le marketing et par les produits de grande consommation. Le management, dans lequel elle commence à exceller, la comble d'aise. Exigeante et reconnue comme « une bonne chef », elle écoute et fait grandir ses collaborateurs. La direction est bien organisée : les comités fonctionnent au mieux ; les informations circulent très bien ; chacun connaît parfaitement ses objectifs et des réunions mensuelles pour faire le point ont lieu entre chaque collaborateur et son patron. « Tout baigne », à ceci près que le temps manque pour mener à bien tous les projets. C'est pourquoi, de temps en temps, la tension monte, en général quelques jours avant une présentation stratégique devant la direction générale. Rien d'anormal.

Dans cette direction, on travaille toujours pour l'année ou les années suivantes. C'est le commercial qui agit sur le court terme et qui assure le chiffre d'affaires en mettant en œuvre, avec un maximum de talent et de pugnacité, les actions prévues. Pour l'année prochaine, les challenges décisifs pour Nathalie – et donc pour la société – sont :

* La réussite d'un lancement majeur sur lequel l'entreprise travaille depuis trois ans. Au départ, l'équipe R & D était concernée mais le dossier est aujourd'hui chez Nathalie et, plus précisément, entre les mains d'un chef de produits senior envié de ses collègues.

* L'accroissement des parts de marché grâce à une foule de rénovations ou d'élargissements de gammes. Toute l'équipe marketing est concernée.

35

* L'augmentation du nombre de références des « fonds de rayons », grâce à des outils commerciaux et de merchandising plus performants. Notamment la participation à une opération commerciale majeure auprès d'une enseigne dans laquelle l'entreprise est mal référencée et qui fête cette année un anniversaire marquant.

Chaque chef de groupe est responsable de son portefeuille et se fait aider par ses chefs de produits. Quant au patron du développement, il est responsable du plan d'accompagnement des commerciaux, qu'il peaufine évidemment avec la direction commerciale. Lorsqu'il y a des tâches générales, Nathalie implique ses collaborateurs et anime un travail collectif. C'est le cas dans les exercices de réflexion sur les marques ou d'élaboration budgétaire.

Toutefois, cette année, Nathalie n'a pas l'intention de partager la construction du budget avec son équipe car la situation est particulièrement délicate. Le groupe, qui connaît des difficultés dans d'autres pays, a lancé un vaste programme d'économies qui touche toutes les filiales, y compris celles qui ont un bon résultat. « Il est vrai que le groupe a su être présent lorsqu'on était en phase de restructuration et qu'on avait besoin de son soutien », pense-t-elle. Tout cela paraît normal mais tout de même assez drastique puisqu'il s'agit de trouver 7 % d'économies sur la structure dans l'année. Le directeur général a obtenu d'exclure la partie commerciale, au prétexte que « c'est là que se fait le chiffre d'affaires ». Mais le marketing est touché, comme tout le reste de l'entreprise. Pour l'instant, cette information reste confidentielle et n'est partagée que par le comité de direction.

Chaque patron doit y aller de son écot. Cela ne favorise pas la cohésion car chacun a de bonnes raisons de trouver la sollicitation excessive à son endroit. Soit parce que, justement, il a « déjà donné » en diminuant fortement sa structure l'an passé (et que, s'il avait su, il s'en serait « gardé sous le pied », etc.), soit parce qu'il mène des projets à moyen terme et que l'application de la mesure de réduction est contre-productive, etc.

Le groupe a bien compris que pour atteindre 7 % – qui plus est en structure – il n'était pas nécessaire de lancer un plan social. Il est même recommandé de ne pas procéder de la sorte, vu le coût d'un tel chantier dans notre pays. La solution est simple : les recrutements sont « gelés ». On ne remplace pas les partants. C'est évidemment catastrophique pour les fonctions qui rassemblent les compétences les plus prisées et donc les plus volatiles, comme le marketing.

Pour l'instant, Nathalie est « remontée comme une pendule ». Elle explique à son patron : « Les comptables, les gestionnaires de vente, les personnes non chassées resteront. Les autres partiront. Que feras-tu avec une entreprise faite de petites mains et sans responsables de talent ? Car sache que lorsque trois personnes du marketing auront quitté l'entreprise, les autres suivront, ne supportant pas cette politique. »

Elle a évidemment décidé de garder cette information pour elle, à une exception près : elle en parle à Yvan, son chef de groupe senior avec lequel elle entretient depuis toujours une relation de confiance indéfectible. D'ordinaire posé, mesuré, l'homme est méconnaissable. Il est furieux, découragé, révolté : « Nos équipes se battent comme des bêtes pour faire gagner des parts de marché tandis que des décideurs, des dirigeants, des

37

responsables estiment que l'on peut faire la même chose (voire mieux et plus) avec moins d'effectifs. Cela signifie que l'on gère mal notre temps, que l'on n'est pas efficace. Bref, qu'on glande. C'est proprement insupportable ! » Yvan est prêt à mettre son poste en jeu :

> – « S'il faut supprimer un poste, supprime le mien : cela fera plus d'économies !, lance-t-il à Nathalie qui se demande un instant s'il était bien sage de lui avoir parlé.
>
> – Ne le prends pas mal ! Il faut savoir se remettre en cause. C'est le sens du progrès que de faire toujours plus avec moins. On a déjà connu situation plus difficile. Il faut plus que jamais resserrer les rangs. »

Ils finissent par discuter plus calmement. Bien sûr que l'on peut tout... La véritable question est celle du sens transmis aux équipes et c'est cela qu'il n'est pas facile de cautionner. Ce qu'ils ressentent, c'est du mépris pour le travail de toute l'équipe. En effet, considérer qu'il est sage de se passer d'une personne du jour au lendemain pour faire des économies, c'est estimer l'individu avant tout comme un coût. Ce qu'on appelle hypocritement « les ressources humaines » se résume alors à de simples coûts salariaux.

La colère passée, Nathalie agit en responsable. Elle assume la décision prise par ses supérieurs hiérarchiques mais, pour protéger son équipe, décide de travailler seule sur ce projet de réduction d'effectifs. Elle réalise un organigramme allégé d'un chef de produits par groupe, leurs portefeuilles étant répartis sur les autres. Elle obtient de son patron qu'au-delà de ces trois postes, les départs soient remplacés. Donc, c'est finalement jouable. On abandonnera les projets les moins stratégiques ou les plus risqués. Notamment le lancement d'une réelle innovation dont on n'est évidemment pas certain du succès, et dont elle s'occupait directement. Elle espère que les contrôleurs de gestion seront assez prudents pour que l'information ne circule pas.

Les équipes sentent bien que Nathalie est moins proche, moins à l'écoute, constatent que sa porte est plus souvent fermée. Ils attribuent cela au stress et à la prise de galon. « Elle se la raconte un peu plus que quand elle venait d'être nommée », dira l'un des cadres. C'est vrai qu'elle perd en proximité et en sympathie, qu'elle se montre parfois peu compréhensive vis-à-vis de ses chefs de produits qui croulent sous les dossiers. Mais cela fait partie du jeu. « Tu voulais entrer dans le cercle des dirigeants, t'y voilà ma grande ! », se dit-elle.

Le budget est bouclé et remis au groupe, à toute allure, comme d'habitude. La confidentialité semble respectée. Deux semaines plus tard, le directeur général revient d'une réunion avec le groupe. La mine défaite, il annonce : « Le budget n'est pas accepté. Il faut maintenir le chiffre d'affaires mais augmenter d'un chouïa le résultat. J'ai tenu bon sur les effectifs. Il faut donc couper dans les dépenses, et plus précisément dans le budget " développement commercial ", en conservant les effectifs commerciaux. C'est une partie de l'entreprise qui a des moyens plus que confortables. Et rassurez-vous, le groupe n'est pas fou, il ne faut pas toucher au budget publicité. Ce sera une variable d'ajustement si, au cours de l'année, on ne parvient pas à faire face. C'est du côté des coopérations commerciales qu'il faut couper. »

Of course. La coopération commerciale est un élément bien français qui échappe à la compréhension de beaucoup d'autres pays. « Comment ? Il faut payer 30 % du chiffre d'affaires pour avoir le droit d'être présent en linéaire ?! Mais c'est du vol caractérisé !» Cet aspect du compte d'exploitation, à l'instar du système de participation/intéressement, génère de nombreuses notes explicatives entre « nous autres, les Latins » et le monde anglo-saxon qui dirige une part croissante de l'économie mondiale.

Nathalie et son collègue Philippe, le directeur commercial, éprouvent une même sensation de froid dans le dos. Ils pensent à la même opération : celle de l'anniversaire de l'enseigne chez laquelle ils sont mal référencés. Le contrat permettait de regagner très sensiblement des parts de linéaire aux dépens des concurrents. Cela entraînait aussi des conséquences positives sur les volumes des usines. Or, pour l'une d'entre elles, le problème de l'emploi devenait criant, avec un fort risque de chômage technique sur la prochaine période. Et que dire à Thomas, le responsable de l'enseigne, qui s'était engagé et qui, au passage, avait son bonus indexé sur la réussite de l'opération ? « Celui-là, il est perdu ! Cela t'en fait un de moins dans tes effectifs, mon grand ! », lance Philippe à l'adresse de Bertrand, le DRH.

Celui-ci fait grise mine car il est aussi en délicatesse avec son nouveau patron fonctionnel – le DGRH Groupe – qui a découvert que les Français touchaient dans les sociétés profitables et les bonnes années un mois de participation et d'intéressement. Il a tout simplement proposé à Bertrand de soustraire ces sommes des bonus. Bertrand s'est défendu comme un beau diable pour expliquer que cela allait être « *rather difficult* », c'est-à-dire, en français : « impossible. » La décision fut alors prise de geler les augmentations de salaire individuelles en cas de distribution de participation ou d'intéressement. À l'énoncé de cette nouvelle, le comité de direction explose de rire, nerveusement.

40

Cette mesure ne sera finalement pas appliquée car Bertrand en a expliqué les risques sociaux. La réputation de grévistes des salariés français n'étant plus à faire, l'argument a porté et le groupe a cédé sur ce point, contre la promesse d'une politique rigoureuse et sélective. Le budget a fini par être accepté, dans un douloureux compromis. C'est ce budget qui ponctuera l'activité de l'entreprise pour toute l'année, notamment dans les points mensuels, mais aussi dans la motivation de l'équipe dirigeante dont le bonus est assis sur l'atteinte ou le dépassement de ce budget. Le tour est joué, le filet est serré et les poissons pris...

Bien sûr, les équipes sont reparties à l'assaut des volumes, des parts de marché et des économies car elles sont positives et vont de l'avant. Oui, les équipes sont reparties, bien sûr... Mais « pas comme avant ». L'entrain n'est plus aussi vif. On gère les dossiers avec intelligence, certes, mais sans cette étincelle de créativité et d'astuce qui faisait la compétitivité d'hier. À la fin de l'exercice, l'objectif de croissance des parts de marché n'est pas atteint. Chefs de produits et chefs de groupe ne toucheront pas leur bonus. En revanche, au prix de quelques coups de chance de dernière minute qui permettent de faire figurer dans l'exercice certaines économies (et pas tous les coûts), le profit sera au rendez-vous. Les patrons, eux, percevront leur bonus...

Comment aurait-on pu éviter cela ?

Honnêtement, il s'agit plutôt de diminuer l'impact négatif que de l'éviter. Les managers qui doivent affronter ce type de décision, ou plutôt cette contrainte imposée d'en haut, réagissent selon leur tempérament. Les uns se fâchent, refusent d'accepter ce qu'ils considèrent être une

41

hérésie. Parmi eux, néanmoins, certains se rangeront. D'autres acceptent mais, pour ne pas démotiver les équipes, agissent dans le secret. C'est le choix de Nathalie. Les plus habiles se taisent et se débrouillent avec les chiffres pour démontrer que le travail est quasiment terminé. Ils prouvent de la sorte qu'ils ont été de bons élèves avant l'heure. Ensuite, ils se feront tirer l'oreille régulièrement et finiront par se soumettre par étapes et de mauvaise grâce.

Dans la pratique, on voit des managers passer d'une attitude à l'autre. En tout cas, pendant qu'ils sont occupés par ce sujet, ils ne font certainement pas avancer leurs affaires... Cette situation, engendrée par une décision des instances dirigeantes, dont on ne partage pas le bien-fondé et qu'il faut faire appliquer, constitue certainement l'expérience la plus difficile que puisse vivre un manager. Pour y avoir été confrontée maintes fois et avoir réagi de toutes les façons possibles, je crois pouvoir recommander celle qui provoque le moins de dégâts. Il s'agit de l'écoute et de la « confrontation responsable ». À quoi sert un manager, s'il ne tente pas de concilier les contraires entre le sommet et la base de la hiérarchie ? En installant une écoute véritable entre les deux parties, on évite le clash, on instaure un respect mutuel et on cherche ensemble des solutions.

Avec l'instance dirigeante, on essaie de bien saisir la raison de la décision conduisant à diminuer la masse salariale. On ne discute pas sur les raisons mais sur les moyens. On explique les possibles conséquences négatives. On cherche des alternatives et des contreparties. Normalement, à la fin de cet exercice, on a conservé la décision mais elle s'est « arrondie » par l'adjonction de corollaires positifs. Par exemple, on permettra aux cadres de disposer de davantage de stagiaires. Ou on arbitrera entre différents moyens, recherchant d'autres sources d'économie. Cela « adoucit » la rudesse de l'annonce initiale.

Avec les équipes, on abordera la question sous l'angle de la remise en cause. On envisagera des modes d'organisation plus performants, des sources d'économies nouvelles. On s'attachera surtout à ne pas donner à cela une trop grande ampleur. On se focalisera sur d'autres sujets plus positifs. On veillera à serrer les rangs. En résumé, on tentera de dédramatiser en soulignant les occasions de constater que, tout compte fait, certaines choses positives sont plus importantes que tout. C'est alors qu'il devient primordial de mettre en œuvre les qualités de management que nous décrirons dans la dernière partie de ce livre.

Épilogue

Au milieu de l'exercice, au moment où elle s'apprête à enclencher l'élaboration du nouveau budget, Nathalie découvre dans une revue spécialisée qu'un concurrent lance le produit dont elle a dû abandonner le projet pour faire des économies. L'accueil de la distribution est formidable et la presse en est pleine ! Pour elle, c'est comme un couteau planté dans sa poitrine.

On ne restera pas sans rien faire. On rétorquera avec un produit un peu différent. Mais la place de premier sera déjà prise… et pour longtemps. Ce qui est certain, en tout cas, c'est que les cadres qui sont passés par cette société ont été formés au marketing dans un contexte particulièrement difficile et qu'ils ont, du coup, acquis des compétences précieuses pour le marché.

43

Deuxième partie

L'ANALYSE DE LA COMPÉTITIVITÉ

Cette deuxième partie constitue une sorte d'« arrêt sur image », une analyse personnelle permettant, d'une part, d'aller au-delà des simples récits précédents et, d'autre part, d'ouvrir des pistes d'actions qui feront l'objet de la troisième et dernière partie de ce livre. Pour cela, nous proposons deux éclairages.

Tout d'abord, il s'agit de mettre des chiffres sur les situations rencontrées dans la première partie. Cela permet de mieux mesurer l'importance des phénomènes et de les approcher sous un angle plus conforme aux modes de raisonnement des entreprises, surtout celles qui appartiennent à des groupes anglo-saxons et dans lesquelles il n'y a pas beaucoup de place ni de crédit pour le « blablabla ». Le modèle proposé est assez théorique. On peut objecter que la mesure est subjective. C'est exact. Elle est approximative, mais pas moins que dans beaucoup d'autres mesures qui utilisent des codes ou des échelles de points. Peut-être que le résultat est contestable dans sa précision. Néanmoins, les écarts sont tellement grands entre les situations positives et les situations négatives, que même une erreur d'appréciation de 5 % ne change pas la conclusion. Encore une fois, il s'agit pour chaque entreprise ou, mieux, chaque équipe, de travailler à partir du modèle pour le préciser concrètement.

Le second éclairage porte un regard attentif et inquiet sur l'adéquation entre les savoir-faire des entreprises, en termes de recherche de productivité, et les spécificités actuelles. Nous avons « mangé notre pain blanc » avec les restructurations, les standardisations, les concentrations et autres rationalisations. Il fallait le faire et nous avons bien travaillé. Nous sommes de bons opérateurs de « *cost cutting* » de tout acabit. Toutefois, le travail étant réalisé du côté des process, il convient aujourd'hui de passer d'une logique de réduction des coûts à une logique de meilleure exploitation des gisements d'énergie que constituent l'engagement individuel et la mobilisation des équipes. En d'autres termes, de tirer le meilleur parti de l'intelligence collective.

4

Le coût du désengagement

Nous allons, dans ce chapitre, proposer un moyen de chiffrer le coût du management à contresens. Après la description théorique du modèle, nous l'appliquerons au cas d'Antoine. Nous évaluerons ensuite le coût du désenchantement de Fred d'une façon plus traditionnelle. Enfin, l'amertume de Nathalie sera mesurée à l'aide des deux outils.

Un modèle pour chiffrer le taux de productivité du facteur humain

Si tout le monde s'accorde à dire qu'« il n'est de richesse que d'homme », que « ce sont les hommes qui font la différence », que « la performance est le résultat de la compétence multipliée par la motivation », etc., il existe, en revanche, bien peu de pratiques permettant d'approcher quantitativement ce phénomène. Les questions « humaines » restent cantonnées dans le domaine du verbe. Je me souviens d'un comité de direction dans lequel le directeur industriel appelait le duo que nous formions avec le directeur financier : « Les chiffres et les lettres. »

Nous avons choisi de créer un indicateur qui se rapproche des indices de productivité que l'on emploie pour acter si telle ligne de production fonctionne à plein régime ou non, ou si tel plan de marche commercial est suivi à 85 ou à 105 %, et comment cela évolue depuis la dernière mesure. Il s'agit donc d'un outil de suivi et de pilotage de l'activité que l'on peut intégrer aux tableaux de bord usuels. Bien sûr, s'agissant d'un facteur difficilement contrôlable, les mesures seront, nous l'avons déjà annoncé, « approchées ». Toutefois, l'existence de trois critères permet de limiter l'arbitraire. Ces trois critères sont : le présentéisme, l'efficacité collective et l'énergie motivationnelle individuelle.

Nous parlerons de « capital humain réel » (KHR) à un instant « t » qui pourra donc être comparé au « capital humain théorique » (KHT) mais aussi aux KHR's des périodes précédentes. Jusqu'alors, c'est exactement ce que mesurent les outils de gestion lorsqu'ils présentent les écarts par rapport au budget (le théorique) et l'exercice précédent (généralement appelé A-1). L'unité utilisée pour chiffrer cet indice est l'unité jour/homme (UJH), c'est-à-dire le nombre de personnes concernées par l'analyse, multiplié par le nombre de jours travaillés par an. On considérera que le capital humain théorique est fondé sur un nombre de 210 jours/homme/an. Le taux de productivité sera donc le quotient de KHR/KHT (réel/théorique). On pourra aussi évaluer les progrès ou les reculs en comparant les KHR d'une période à l'autre.

Prenons un exemple. Vous gérez une entreprise de 1 905 salariés. Vous disposez donc d'un KHT (capital humain théorique) d'environ 400 000 UJH (unités jour/homme). Ce capital va se voir dégradé ou « upgradé » par la valeur des trois critères. Le premier, le présentéisme, est généralement le seul indicateur existant. Mais on le nomme et

48

le mesure par la négative : l'absentéisme. Or, il existe des cas où les personnes sont présentes au-delà de leur temps de travail théorique. Nous allons, pour l'exemple, analyser deux situations : l'une positive, l'autre négative, sans verser dans l'excès afin de rester réaliste. Ceci est un cas d'école dans lequel on considère que tous les individus réagissent de la même façon. Ou, du moins, en établit-on une moyenne. Dans la réalité, on gagnera à mener l'analyse par entité, comme nous le ferons ultérieurement.

Le présentéisme est, dans le cas positif, un tantinet plus élevé que le niveau théorique parce que les salariés sont motivés et intéressés. Ils « donnent » globalement 2 % de mieux. C'est le résultat d'une moyenne entre un léger absentéisme dans certaines parties de l'entreprise et un « surtravail » dans d'autres, qui se concrétise par un dépassement de la norme. Dans le cas négatif, on note une dégradation de 6 %, ce qui est un niveau d'absentéisme courant, donc crédible, et pas si pessimiste que cela. C'est également le résultat d'une moyenne.

Voici le début de notre tableau de bord, partant d'un capital humain théorique de 400 000 UJH :

Situation positive	Situation de départ : 400 000 UJH	Situation négative
102 %	Présentéisme	94 %
408 000	UJH après présentéisme	376 000

Poursuivons avec **l'efficacité collective**. Dans le cas positif, les personnes ont à cœur de penser aux conséquences de leurs actions et de leurs décisions sur les services connexes. Les comités transversaux jouent leur rôle et l'information circule. En outre, les salariés n'hésitent pas à interagir. Les interfaces sont donc facilitées. On évite de faire deux fois la même chose et on va même jusqu'à simplifier la tâche du suivant. C'est ce qui donne un indice de + 6 % (en réalité + 12 % pour la moitié de l'entreprise).

En revanche, dans le cas négatif, on trouve l'inverse : les choses sont faites plusieurs fois par manque de confiance ou par défaut de communication. Qui plus est, les résultats ne sont pas toujours identiques, ce qui peut faire recommencer la même opération une troisième fois ! Les informations arrivent trop tard ou n'arrivent jamais. Ce n'est pas le cas partout mais, globalement, cela fait tout de même un indice de - 10 % (en réalité, perte de 20 % pour la moitié de l'entreprise).

Notre tableau affiche donc :

Situation positive	Situation de départ : 400 000 UJH	Situation négative
102 %	Présentéisme	94 %
408 000	UJH après présentéisme	376 000
106 %	Efficacité collective	90 %
432 480	UJH après efficacité collective	338 400

Reste l'énergie motivationnelle individuelle qui est le « supplément d'âme » que met dans son travail le salarié très impliqué et qui va faire la différence ou, à l'inverse, le zèle ou la mauvaise foi qui, malheureusement aussi, feront la différence. C'est l'indicateur le plus sensible à la hausse et à la baisse. On pourrait l'appeler « disponibilité de l'esprit d'œuvre »[1]. Pardonnez-nous ce terme un peu

---

1. Cette expression d'« esprit d'œuvre » m'a été « soufflée » par Marc Ullman, fondateur et président du « Club des Vigilants », qui m'a dit la tenir d'un de ses amis.

pompeux, il signifie simplement que le temps où l'on prétendait pouvoir acheter de la main-d'œuvre est révolu. Il n'y a presque plus de postes qui ne requièrent que du « kilowattheure humain ». Même pour les postes d'opérateurs, on fait de plus en plus appel à l'activité intellectuelle, à l'analyse, à l'anticipation, etc. Les postes purement manuels ont été automatisés progressivement depuis vingt ans. Voici pour le terme « esprit d'œuvre ». Pour simplifier la lecture du tableau, on conservera le terme d'énergie motivationnelle.

Dans le scénario positif, nous pouvons gagner 12 % grâce aux collaborateurs qui donnent le meilleur d'eux-mêmes, de leur « niaque » et de leur intelligence. Malheureusement, dans le cas négatif, on a vite fait de perdre 20 % d'efficacité. C'est tout simplement plus de lenteur, plus de temps perdu et surtout moins d'initiatives et d'idées pour faire mieux.

Notre tableau final affiche donc :

Situation positive	Situation de départ : 400 000 UJH	Situation négative
102 %	Présentéisme	94 %
408 000	UJH après présentéisme	376 000
106 %	Efficacité collective	90 %
432 480	UJH après efficacité collective	338 400
112 %	Énergie motivationnelle individuelle	80 %
484 378	KHR (en UJH)	270 720
121 %	Taux de productivité du capital humain (KHR/KHT)	68 %

On remarquera, à l'instar de nombreux phénomènes mécaniques et physiques, qu'il est plus aisé de descendre que de monter. Autrement dit, sur une ligne donnée, l'effet négatif pèse souvent plus que l'effet positif. Il est intéressant de constater par ailleurs que l'écart entre les deux scénarios (214 000 unités jour/homme) est supérieur à la moitié de notre capital de départ. C'est considérable, car cela représente l'équivalent de mille personnes à temps plein !

Encore une fois, l'analyse est ici assez grossière mais elle n'est pas fausse. Les évaluations ne sont pas plus arbitraires que celles qui prévalent, par exemple, dans l'affectation des frais par *business unit* en prenant pour base leur chiffre d'affaires, leur effectif ou les m^2 utilisés.

Nous recommandons d'employer ce modèle pour des entités de taille modeste (une équipe de vente ou une direction par exemple) ; cela présente un double avantage. D'une part, celui d'être un outil d'autoanalyse et donc d'autoprescription des solutions, ce qui est évidemment plus efficace, et, d'autre part, celui de stabiliser les évaluateurs, donc de limiter l'effet biais de l'analyse.

Reportons tout de même plus pratiquement le modèle au cas d'Antoine. En ce qui concerne Fred, nous procéderons à une analyse différente et plus « comptable ». Le cas de Nathalie nous permettra de procéder à une synthèse des deux outils afin d'approcher au mieux la réalité de la productivité humaine.

Antoine : le coût de la blessure

Antoine anime directement onze personnes : huit dans les dépôts et trois en central. En outre, son influence indirecte s'exerce moins fortement sur les niveaux hiérarchi-

52

ques inférieurs. On évalue à un peu plus de trente-huit les personnes touchées pour un tiers de leur potentiel (donc on prend pour base seulement 70 jours et pas 210 pour ces collaborateurs « indirects »). Nous partons donc d'un KHT (capital humain théorique) de 5 000 UJH (unités jour/homme), c'est-à-dire $(11 \times 210) + (38,5 \times 70)$. Au début de notre histoire, les modes de fonctionnement permettent une valorisation d'un peu plus de 20 %, ainsi répartis :

* **Présentéisme** : + 3 %.

  Antoine et ses équipes sont en moyenne 3 % plus disponibles que la norme. Ces 3 % sont le résultat d'un peu de travail le week-end (pour écluser le retard, lire la presse spécialisée et préparer la semaine), mais aussi de journées parfois excessives. La population concernée est composée presque exclusivement de cadres.

Nous sommes donc à 5 150 UJH.

* **Efficacité collective** : + 8 %.

  Il s'agit ici du fait de miser sur l'équipe. Chacun privilégiant naturellement le collectif plutôt que son propre job, une grande réactivité s'est développée. Ainsi, pour toute action, chacun intègre son effet sur les autres et les prévient. Cela constitue une formidable « puissance de tir », visible par les partenaires extérieurs qui considèrent avoir affaire à une équipe de choc ; cela incite à la fidélisation.

  Il est évident que le moteur alimentant ce comportement n'est autre que le plaisir des membres de l'équipe à se reconnaître collectivement comme très efficaces, ce qui augmente l'estime de soi.

  Concrètement, les gains s'expriment en termes de diminution des litiges et des coûts de transport et de stockage, grâce à une excellente maîtrise des événements. Cette diminution des coûts se retrouve évidemment directement dans le compte d'exploitation, grand sujet de fierté pour les équipes.

Nous voici donc à 5 562 UJH.

* **Énergie motivationnelle individuelle** : + 10 %.

Il s'agit là de la disponibilité « supérieure » car plus qualitative que le présentéisme. C'est la propension à donner la bonne idée à son supérieur, à se renseigner sur la concurrence, à percevoir une difficulté avant qu'elle ne devienne un réel obstacle, à donner envie aux autres, à trouver des astuces, à résoudre un problème qui risque d'être très coûteux. Dans la sphère de la logistique, il y a une foule de gains possibles lorsqu'on a l'envie de débroussailler les difficultés. On sait que dans la grande distribution par exemple, les litiges et les pénalités des distributeurs peuvent atteindre des sommes colossales. Une relation positive avec les clients facilite leur fidélisation. J'ai vu ainsi un collaborateur réussir à faire changer d'avis un client qui refusait une livraison, et une collaboratrice se battre pour contester des pénalités qui atteignaient 5 % du chiffre d'affaires du client.

Notre productivité s'affiche donc à 6 118 UJH. Soit un KHR (capital humain réel) d'un peu plus de 22 % que le KHT (capital humain théorique).

Voyons maintenant la situation à la fin de l'histoire.

* Le **présentéisme** est moindre : - 2 %.

Ce qui signifie que le temps supplémentaire (du type « Octroyons-nous quelques heures le dimanche après-midi pour bien démarrer la semaine ») est fort

54

rare et qu'il arrive même aux cadres de rattraper des temps de travail excessifs et de prendre la quasi-totalité des RTT et des congés, ce qu'ils ne faisaient pas auparavant. À cela s'ajoute un léger absentéisme « normal », au sens statistique, faisant passer le total dans le négatif.

Notre productivité est ici de 4 900 UJH.

* L'**efficacité collective** se dégrade : - 12 %.

Cela s'explique par la forte diminution quantitative et qualitative des échanges sur les événements en cours, les idées et les difficultés. Chacun se recentre sur son propre périmètre. Du coup, les choses peuvent être faites plusieurs fois en même temps, en différents lieux. Les délais en sont allongés et les erreurs plus fréquentes. Le nombre de litiges augmente. Surtout, le temps passé (perdu) à des préoccupations internes n'est plus consacré, comme il l'était, à se projeter sur le client et sur l'externe.

Nous voici donc à 4 312 UJH.

* Enfin, l'**énergie motivationnelle individuelle** passe aussi dans le négatif : - 8 %.

L'utilité de prévenir les patrons des questions critiques n'est plus ressentie comme une obligation. On fait ce qu'on a à faire, sans se « mouiller » davantage. D'ailleurs, on lit moins, on fréquente moins les cercles de professionnels extérieurs, on est donc logiquement moins éclairé. La relation avec le client est moins soutenue ; il arrive que des commandes ne soient pas prises, qu'un coup de fil soit perdu. Bien sûr, cela impacte négativement le chiffre d'affaires. Toutefois, le taux n'est pas inférieur à - 8 % car dans cette histoire, la plupart des cadres travaillent sur d'autres sites et trouvent aussi leur

55

motivation dans d'autres sources. Autrement dit, la lassitude d'Antoine n'est pas aussi contagieuse qu'elle pourrait l'être si tous les collaborateurs étaient au siège, par exemple.

Notre productivité est donc de 3 967 UJH.

En synthèse :

Au début de l'histoire		À la fin de l'histoire
5 000	KHT (en UJH)	5 000
103 %	Présentéisme	98 %
5 150	UJH après présentéisme	4 900
108 %	Efficacité collective	88 %
5 562	UJH après efficacité collective	4 312
110 %	Énergie motivationnelle individuelle	92 %
6118	KHR (en UJH)	3 967
122 %	Taux de productivité du capital humain (KHR/KHT)	79 %

Soit une dégradation de 21 % par rapport au théorique et de 35 % par rapport au KHR antérieur. Ces chiffres ne tiennent pas compte des éventuels effets collatéraux sur les autres services (l'agacement des commerciaux, le questionnement des contrôleurs de gestion, l'inquiétude des RH, etc.) Les effets se voient dans les KPI's[1] des tableaux de bord. Dans leur globalité, ils sont partiellement compensés par les gains des achats... « Si nous

---

1. Key Performance Indicators. Ce terme s'est généralisé sous l'effet des interventions des sociétés internationales de consulting.

avions pu gagner sur les deux tableaux, nous serions les rois », note le directeur financier, qui en oublie de s'occuper de Fred.

Fred : le coût du désenchantement

Dans le cas de Fred, nous sommes davantage dans une logique de coût que de productivité. Nous utiliserons donc une autre approche, plus simple et pragmatique, qui compare les coûts des différentes situations :

En €	Situation initiale	Situation souhaitée par Fred	Situation de crise	Situation finale
Titulaire	80 000	80 000	47 000	90 000
Chasseur de têtes			17 000	
Junior				50 000
Stagiaire		15 000		25 000
Consultant			130 000	
Divers	10 000	5 000	20 000	5 000
Total	90 000	100 000	214 000	170 000
Écart/s.i.		+ 10 %	+ 238 %	+ 189 %

Les salaires s'entendent charges comprises et les coûts extérieurs hors taxes.

Le coût initial de 90 000 € correspond à la situation dans laquelle Fred ne trouvait pas son équilibre. Il aurait souhaité un stagiaire qui, rémunéré plutôt correctement par rapport au marché, aurait augmenté son budget de 10 %. Certes, ce n'était pas « une paille » ! C'est d'ailleurs pour cela qu'il n'osait même pas en formuler la demande. Du coup, pendant l'année de « crise », celle de son départ, l'entreprise a dû payer sept mois de son salaire, plus pendant six mois un consultant, ainsi qu'un chasseur de têtes auxquels s'ajoutent les dépenses quotidiennes occasionnées par l'augmentation des dysfonctionnements. Le coût a augmenté non pas de 10 % mais de 238 %. Quant à la situation réelle finale, elle est de 189 % supérieure à la situation initiale.

Cette analyse a le mérite d'être peu contestée et de s'intégrer parfaitement dans le système de comptabilité. Elle est toutefois incomplète parce qu'elle n'intègre pas les dysfonctionnements latéraux et les coûts cachés. L'intérêt est donc de mixer les deux approches : celle du tableau de bord de productivité et celle des coûts comptables.

Nathalie : le coût de l'amertume

Dans le cas de Nathalie, nous pouvons cumuler les deux approches et en faire une synthèse.

Analyse de la productivité :

- Le **présentéisme** est de + 8 % dans la situation initiale et de - 3 % dans la situation finale.

- L'**efficacité collective** est de + 5 % dans la situation initiale (guère plus car les responsabilités des chefs de produits sont assez cloisonnées) et de - 7 % dans la situation finale.

- L'**énergie motivationnelle individuelle** est de + 12 % dans la situation initiale et de - 20 % dans la situation finale.

Au début de l'histoire		À la fin de l'histoire
3 150	KHT (en UJH)	3 150
108 %	Présentéisme	97 %
3 402	UJH après présentéisme	3 055
105 %	Efficacité collective	93 %
3 572	UJH après efficacité collective	2 841
112 %	Énergie motivationnelle individuelle	80 %
4 000	KHR (en UJH)	2 273
127 %	Taux de productivité du capital humain (KHR/KHT)	72 %

La productivité a été presque divisée par deux. Cela peut vous paraître exagéré, pourtant il n'en est rien. Car, dans cette fonction, c'est justement, plus encore qu'ailleurs, le supplément d'âme qui fait la différence. Ce qui coûte, au fond, ce n'est pas tant les coups de fil aux chasseurs de têtes qui durent un peu plus qu'avant ni les pauses un peu allongées : c'est l'effet de cela, le fait que l'idée la plus audacieuse n'a plus la chance de naître. C'est donc le concurrent qui en aura la primeur. Néanmoins, il est vrai que cette situation ne va pas durer indéfiniment. Au bout de deux ans, on peut espérer revenir à une position « neutre » avant de repasser dans le positif et, vraisemblablement, de recruter de nouveaux potentiels sous la pression d'un nouveau directeur qui posera ces conditions à son embauche.

En contrepartie, sur une masse salariale de 1 170 K€ (trois chefs de groupe et douze chefs de produits), Nathalie, avec sa réduction d'effectifs, a fait l'économie de trois chefs de produits, c'est-à-dire de 210 K€, soit 18 % d'économie sur un périmètre comparable à l'analyse de productivité (les 3 150 jours) et 15 % sur le total de la direction (direction et secrétariat compris). C'est ce à quoi Nathalie s'était engagée. Toute la force de ce dernier chiffre est de figurer dans le compte d'exploitation à la ligne « *headcount* », c'est-à-dire « effectif », donc masse salariale. C'est celui que le groupe regarde et sur lequel les engagements ont été pris. Peu importe le reste. On a moins d'effectifs, et tant pis si ceux qui restent travaillent moins bien…

L'analyse complète consiste à poser les trois chiffres ensemble :

- on a gagné 15 % sur les coûts de main-d'œuvre ;

- on a perdu 50 % de taux de productivité par rapport à la situation antérieure ;

- on a perdu 28 % de productivité par rapport au théorique.

Ensuite, il faudra reprendre la mesure et il est évident que, le temps et les changements aidant, les choses évolueront. Dans la plupart des cas, après avoir « touché le fond », on observe une remontée progressive du taux de productivité. Cependant, la traversée de la zone de turbulence aura probablement fait perdre des positions.

Comme tout outil de mesure, celui-ci n'a de réel intérêt que s'il s'inscrit, au sein d'un instrument de pilotage, dans l'action. Il doit être un outil d'aide à la décision. Dans cette optique, sa puissance est redoublée s'il est employé par les équipes qui sont elles-mêmes l'objet de la mesure. Elles peuvent d'ailleurs construire une échelle afin d'affecter les évaluations en fonction d'observations concrètes. Nous vous le recommandons vivement. Cela confère une grande transparence et surtout permet de traiter objectivement les problèmes plutôt que de les laisser proliférer et s'envenimer... par exemple dans « l'espace pause ».

Cet outil pourrait, notamment, prendre place en complément des enquêtes annuelles sur le niveau de satisfaction des salariés. Ainsi, adapté à chaque situation, objectivé par des éléments concrets et renseigné par les acteurs eux-mêmes, le modèle se trouve utilisé au mieux.

5

Où sont les gisements de compétitivité ?

Cela fait trente ans que j'observe avec une même passion le fonctionnement des organisations dans leur quête de succès et de progrès. J'ai vu quatre grandes « campagnes » se succéder, voire se chevaucher.

De la rationalisation des opérations...

La première est celle de la productivité industrielle : les années 1980-1990 et leur cortège de fermetures de sites industriels. On a rationalisé les productions en transférant les lignes de produits là où leur exploitation était la plus logique, la plus synergique et la moins coûteuse. Ensuite, on a optimisé chaque ligne et on a créé des « standards ». Tout ceci a permis de réduire les coûts de façon considérable. D'ailleurs, alors qu'on croyait en avoir fini, on trouvait encore le moyen d'améliorer la productivité d'une année sur l'autre. Je me souviens d'un dirigeant disant : « C'est comme un oignon : il y a toujours une peau sous la peau. » J'ai su plus tard que telle était sa version du proverbe chinois qui dit qu'« il y a toujours une montagne derrière la montagne ». C'était pour nous encourager. Car le proverbe n'est pertinent que si l'oignon est gros et, de toute façon, on ne peut le peler indéfiniment. Au bout de quelques années, les entreprises qui ont réalisé ces gains de productivité ont du mal à poursuivre sur la même tendance des taux à deux chiffres.

Bon an mal an, on couvre aujourd'hui une inflation à 3 ou 4 %. Plus prosaïquement, lorsque, dans un comité de direction, le patron de l'industriel économise en productivité (main-d'œuvre le plus souvent) ce que le DRH dépense (en laissant « dériver » la masse salariale au-delà de l'inflation), l'entreprise est satisfaite.

La seconde campagne est celle de la *supply chain*. Elle a commencé un peu plus tard et a vu naître une nouvelle fonction au comité de direction. Les services logistiques s'en sont vus valorisés. Puisque le « citron » *manufacturing* était pressé, on est remonté et on a trouvé des gisements de productivité en raisonnant « services au client », donc en redessinant l'organisation de sorte qu'elle « colle » à celle du client. Les personnes qui gèrent les stocks se sont mises à travailler avec celles qui établissent les prévisions des ventes, et celles qui prennent les commandes avec celles chargées du transport. De là, on en a déduit ce que les usines devaient produire. Évidemment, on a gagné en efficacité et en coût.

À cette occasion, on a découvert, s'il en était besoin, que les problèmes se situent souvent aux interfaces. Dans un département ou un service donné, cela fonctionne, en général, correctement. Mais au niveau des interfaces, cela pèche et c'est toujours « à cause du service d'à côté » que l'on a des ennuis. En regroupant l'administration des ventes, qui dépendait généralement de la direction commerciale, et la planification de la production, qui était le plus souvent rattachée à la direction industrielle, avec la logistique, on a réduit les interfaces, donc les problèmes. Soyons honnêtes, on les a aussi un peu déplacés. Toujours est-il que, au sein de la *supply chain*, les économies ont été considérables, la réactivité vis-à-vis du client bien meilleure et les dirigeants récompensés en conséquence.

La troisième campagne est celle de l'arrivée en fanfare des nouveaux acheteurs. C'est bien simple : comment n'y avons-nous pas pensé plus tôt ? Regardons le compte d'exploitation : les achats représentent une somme conséquente. Les matières premières, à elles seules, constituent souvent le premier poste. Si on ajoute les autres achats, cela devient gigantesque et si l'on gagne, ne serait-ce que 5 % du total, c'est au moins 2 points de gagnés sur l'OP[1]. Pour les entreprises qui ne réalisent que 2 % de résultat, cela signifie un doublement. Ce serait une faute que de ne pas saisir une telle opportunité.

On a fréquemment placé à la direction des achats des cadres en fin de carrière qui n'avaient pas démérité. Cette fonction s'était progressivement installée comme une fonction de reclassement. La révolution ne s'est pas faite en un jour. Il a fallu y placer des jeunes à fort potentiel pour qu'elle se transforme en fonction de promotion. Les choses ont progressivement changé et cette direction a pris du pouvoir, en commençant par définir son péri-mètre. « Est achat tout ce qui génère une facture ». Bigre ! Les membres du comité de direction ont du souci à se faire... Déjà, quand le petit nouveau de la *supply chain* était venu marcher sur les plates-bandes des opérations

---

1. *Operating Profit* : avant les taxes et frais financiers. Cet indicateur mesure la richesse produite par l'activité de l'entreprise.

et du commercial, cela avait fait mal à leurs deux patrons. Avec les achats, c'est plus général. Toutes les directions dépensent de l'argent. C'est une prérogative « directoriale » que d'être relativement autonome sur son budget.

Cette révolution s'est tout de même opérée. On a concentré les achats, et les équipes se sont organisées par grandes zones géographiques afin de peser davantage que lorsqu'elles se présentaient avec des portefeuilles locaux. On s'est mis à acheter les matières pour tout le groupe. On a donc gagné en poids auprès des fournisseurs. Les premières années, les gains de productivité achats générés furent gigantesques, d'une part, grâce à cette concentration, d'autre part, parce que certains fournisseurs avaient profité des « bonnes relations » qu'ils entretenaient avec leurs interlocuteurs. En clair, ils ne leur avaient pas fait profiter auparavant de leurs propres gains de productivité ; cela a donc cessé.

Cette révolution ne s'est pas faite sans mal. Elle ne s'est bien passée que lorsque la direction des achats a pris le temps de travailler avec les autres directions en les associant à sa mission. C'était parfois difficile, du fait des rémunérations variables attachées aux gains qui devaient être actés au plus tôt. Ainsi, en tant qu'acheteur, si j'ai le choix entre toucher un bonus de 20 % et me faire bien voir des copains, je risque de ne pas opter pour la seconde proposition...

L'apparition de la fonction achat dans le périmètre des dimensions stratégiques de l'entreprise a marqué clairement le début d'une nouvelle ère. Fini le temps où, dans le comité de direction, chacun était exclusivement responsable de son domaine. Certes, il y avait déjà la finance et les ressources humaines qui étaient transversales, mais ce n'était « que » du back office. Seul le directeur général était vraiment « généraliste » et, dans sa fonction de patron, c'était parfait. À partir du moment où le comité de direction comprend deux nouveaux membres, cela constitue un changement de mode de gouvernance qui, collatéralement, provoque des jalousies. Le service qualité se plaint d'être rattaché à la direction industrielle alors qu'il devrait être transversal, son action s'appliquant, à l'évidence, à l'ensemble des processus de l'entreprise. Pour contenir la complainte, on a parfois déplacé la qualité pour l'accrocher à la R & D... Puis la direction des systèmes d'information se demande également pourquoi elle dépend de la finance. Bref, la société est parcourue de soubresauts vindicatifs et d'amertume de la part de ceux qui se sentent traités comme acteurs de second rôle. Il devient plus difficile de diriger. Cela signifie que, pour être un bon patron, il faut davantage de qualités que dans le passé.

L'oignon parfaitement pelé, que restait-il à gratter ? C'est là que les choses deviennent captivantes. On commence à s'attaquer à l'immatériel, c'est-à-dire à la gestion de l'information. Les ERP[1] font leur apparition. La quatrième campagne change de nature. Puisque nous sommes dans une économie de l'intelligence, ne gaspillons pas la matière grise ! Désormais, nous serons tous « dans le même tuyau », disposant des mêmes informations. « Tout ce que fait Dupont en entrée sera connu de Martin en sortie et *vice versa* », avait déclaré le directeur général. Magnifique ! Les consultants vendent cela très cher car, objectivement, c'est chérissable. Comme ils savent d'expérience qu'il y aura des grincements aux jointures, ils ajoutent la conduite du changement. Comprenez : la

---

1. ERP : Enterprise Resources Planning.

gestion de « ma'ame Michu » qui refusera de changer ses habitudes. Ceux qui en ont fait l'expérience s'en souviennent. Pendant cette période, l'entreprise est fortement déstabilisée. Dans certains cas, c'est carrément la crise : on arrête de livrer les clients pour la plus grande satisfaction des concurrents. C'est un véritable chantier, dans les deux sens du terme, malheureusement. Les équipes sont occupées à la mise en place de l'ERP et sont remplacées par des intérimaires. « Ma'ame Michu », qui a passé sa vie à servir les clients, ne supporte pas ce nouveau système, le jugeant moins fiable que l'ancien. « C'est trop compliqué pour être sûr que tout va bien », estime-t-elle.

Bref, au final, on y arrive : le bébé est bien là avec tout ce qu'il faut. On l'admire. Il va coûter un peu plus cher que prévu. Il faudra changer ses atours plus souvent : ce sont les « montées de versions ». Mais, objectivement, à part « Ma'ame Michu » (ou plutôt toute la famille Michu qui est finalement plus nombreuse qu'on le croyait), tout le monde est content. De toute façon, maintenant qu'il est là et qu'il a coûté si cher, on ne va pas faire machine arrière. On est entré dans la cour des grands, de ceux qui peuvent se vanter d'obtenir l'information en temps réel, d'un bout à l'autre de l'entreprise. Alors, si la DSI[1] coûte un peu plus cher que ce qui était annoncé au départ, on fera des économies ailleurs. Tiens ! On va demander aux équipes de trouver de nouvelles sources d'économies. En voilà une bonne idée !

Laissons les équipes phosphorer et arrêtons-nous un instant sur la prochaine « campagne ». Une fois l'oignon pelé côté industriel et logistique, une fois les achats rationalisés, une fois les processus bien serrés dans les tuyaux et l'information partagée, comment poursuivre sur la

---

1. Direction ds Systèmes d'Information.

route du progrès ? Car la logique reste implacable : « Si l'on ne fait pas mieux que l'année précédente, on meurt. » Nous sommes sur le chemin de l'immatériel. Nous y sommes entrés avec la dématérialisation de l'information. S'agissant de partager la connaissance au sein de toute l'entreprise, on a traité l'information et la connaissance comme un processus industriel. La suite peut déboucher sur l'externalisation ; c'est en cours aujourd'hui mais on en connaît aussi les limites et, de toute façon, tout n'est pas externalisable.

... à l'exploitation du gisement humain

Le plus complexe, le plus difficile et le plus passionnant reste donc à faire. Il s'agit de traiter l'immatériel qui ne se met ni en boîte ni en équation. Il s'agit du bon vouloir des individus, de leur motivation et de leur envie de « mouiller la chemise ». Bref, il s'agit qu'ils donnent le meilleur d'eux-mêmes pour leur bon plaisir. Cette ère s'ouvre à nous. Ce n'est pas évident car on n'a jamais vu une aussi grande distanciation des salariés vis-à-vis de leur entreprise. La tâche est colossale. D'autant plus que ce qu'elle requiert ne s'achète pas auprès des cabinets de consultants. Pour une fois, c'est de l'intérieur qu'il faut agir. Tout va dépendre des dirigeants eux-mêmes, de leurs convictions, de leurs comportements et de leur valeur d'exemple. Il ne s'agit plus de couper les coûts mais bien de récupérer de l'énergie. La compétition est ouverte. À vos marques, prêts ?

Pour vous y aider, la troisième partie de cet ouvrage vous propose trois pistes. Et pour vous éviter de perdre du temps, nous vous proposons un petit test avant d'en entreprendre la lecture.

À votre avis, lorsque les salariés de votre entreprise se lèvent pour venir travailler, ils se disent sincèrement :

1. « Ma boîte est vraiment meilleure que les autres. Je n'aurais pas envie d'être à la place d'un salarié de telle ou telle autre. »

2. « Mon patron pense que je suis capable de faire ce qu'il m'a confié. Il faut que je lui montre coûte que coûte qu'il a raison de me faire confiance. Je ne veux pas le décevoir. »

3. « Je comprends ce qui se passe dans mon entreprise. Je suis régulièrement informé des succès et des échecs et si j'ai des questions ou des suggestions, je sais à qui les transmettre et je sais aussi qu'on en tiendra compte. »

Si, d'après vous, la plupart de vos collaborateurs pensent ainsi, prenez un autre livre ou allumez la télévision. Sinon, poursuivez votre lecture...

Troisième partie

PROPOSITIONS POUR FAIRE RENAÎTRE L'ENGAGEMENT

Nous avons évalué les coûts induits par le management à contresens et mesuré combien les enjeux étaient délicats pour les années à venir. Nous proposons, dans cette dernière partie, trois pistes de travail qui constituent des leviers pour promouvoir un management productif et de bon sens. Peut-être en existe-t-il d'autres. En tout cas, nous avons expérimenté ceux-là. Ils sont complémentaires ; tous les trois contribuent à l'engagement positif des personnes ou des équipes.

Le premier levier concerne l'entreprise dans son ensemble, ce qui émane d'elle. Par ce qu'elle a construit et qui la fait exister d'une part, pour l'ambition qu'elle affiche, au-delà de la sacro-sainte « création de valeur pour l'actionnaire », d'autre part. Il s'agit de l'identité de l'entreprise qui donne envie d'en être acteur.

71

Le deuxième levier questionne la relation entre les personnes qui travaillent ensemble, notamment la relation hiérarchique. À ce sujet, on voit le meilleur comme le pire : la puissance du progrès et de la performance ou le triste gâchis des potentiels. Nous tenterons de caractériser ce qui fait pencher la balance du côté de la réussite et du plaisir partagé à avancer. Il s'agit de la relation de confiance qui conduit au dépassement de soi.

Le troisième levier s'exerce dans l'organisation et dans le fonctionnement même de l'entreprise. Comment décide-t-elle ? Comment chacun tient-il sa place ? Les rouages sont-ils bien huilés ? Il s'agit de l'implication des personnes dans les processus, implication qui donne une base à l'initiative individuelle et à l'expression de l'intelligence collective.

6

L'identité culturelle, source de fierté de contribution

Ce chapitre traite de la question du sens. Il s'attache à caractériser ce qui contribue à donner un sens à l'engagement des collaborateurs. Pour cela, nous examinerons l'entreprise. D'une part, pour ce qu'elle a réalisé, d'autre part, pour ce qu'elle entend construire. Deux exemples illustreront notre propos.

Du management du « toujours moins »...

Vendredi soir : le moment le plus attendu de la semaine pour le « salarié lambda ». Comme les trois coups au théâtre. Le week-end est devant soi, le meilleur à venir. On fête cela simplement avec quelques voisins autour de l'apéritif. Et l'on cause... boulot, bien sûr ! « Comment s'est passée la semaine ? Et toi, ton boss ? Et toi, ton CDI ? Et toi, ta présentation au groupe ? » Chacun y va de sa complainte ; un boss imperméable à toute remarque (surnommé Gortex) ; un contrat précaire qui n'en finit pas de l'être ; un groupe qui en demande toujours plus avec toujours moins de moyens.

– « C'est le management du "toujours moins" : moins de moyens, moins de monde, moins de temps. Bien sûr, pour plus de résultats, plus de qualité et plus de parts de marché... Les équipes sont au bout du rouleau. Et tout ça pour quoi ?

– Pour créer de la valeur pour l'actionnaire !, s'écrient en chœur les autres, ironiques.

– Je ne te dis pas comme c'est excitant ! »

Chacun, en s'exprimant au travers d'un vécu quelque peu différent, arrive à la même conclusion.

– « On est coincés. Coincés entre une direction à laquelle on appartient un peu parce qu'on en est proches et que notre ambition nous y amène progressivement, et les équipes que l'on a de plus en plus de mal à motiver car on leur demande plus qu'on ne leur donne.

– Tout cela manque de sens, soupire l'un d'eux. »

Dans cette petite assemblée, l'un des invités se montre discret. Il observe et pense : « Quelle veine j'ai d'être dans ma boîte ! Pour rien au monde je ne l'échangerais contre une des leurs. »

... à l'implication dans un élan porteur de sens

Arrêtons-nous un instant sur ce « phénomène ». Contrevenons à l'habitude bien française de commenter ce qui ne va pas et posons-nous une question simple : qu'est-ce qui fait que ça va bien ? Que les salariés sont heureux donc efficaces et conscients d'être dans une entreprise qui vaut la peine qu'on lui donne le meilleur de soi-même ? Outre les questions de qualité managériale et de modes de fonctionnement (que nous traiterons dans les pages suivantes), ce qui caractérise une telle entreprise qui donne envie, c'est son identité culturelle. S'y associer est valorisant. L'identité culturelle d'une entreprise se construit grâce à la cohérence entre ses racines (son histoire, ses savoir-faire, etc.) et ses desseins (ses projets, sa vision, sa responsabilité, etc.) Par-delà cette cohérence, elle s'érige sur la solidité des racines et sur l'ambition des desseins, pas seulement financiers.

Nous allons donc traiter successivement ces deux composantes, les décortiquer et décrire des exemples concrets. D'abord, côté racines, avec l'exemple de l'entreprise Velux® France. Ensuite, côté desseins, avec un exemple de partenariat entre un groupe alimentaire et la Fédération des banques alimentaires.

L'entreprise, côté racines

Côté racines, l'entreprise affiche son unicité. En effet, s'il est commun de trouver des entreprises qui, se projetant vers le futur, énoncent des projets dans un mode très ressemblant, chaque entreprise est bien unique quant à ce qui l'a construite et amenée où elle se trouve. Sans procéder à des analyses complexes, on peut caractériser la culture – côté racines – d'une entreprise par trois vecteurs principaux : son histoire, ses dirigeants et ses modes de relations.

Son histoire est ce qui lui donne de la profondeur et de l'âme grâce à une référence commune spécifique. C'est un facteur essentiel d'identité. Elle est faite de succès mais aussi de crises. Ceux qui en sont les témoins ou les acteurs sont généralement fiers de se le rappeler. D'ailleurs, il est intéressant de constater que, lorsqu'un salarié se présente, il précise depuis combien de temps il travaille dans l'entreprise, comme pour expliquer à quelle gare il y est monté et, par déduction, celles qu'il n'a pas connues ; de quelles batailles il était soldat et desquelles il était absent. Les crises sont des moments fédérateurs. Les succès aussi rapprochent. Il est dommage qu'on les fête si peu. On en récolterait peut-être davantage...

Les dirigeants sont des figures emblématiques ; ce sont eux qui nous ont conduits où nous sommes. Ils répondent au besoin humain d'admirer et de servir, dans le sens noble du terme. Ils donnent le ton ; à tel point que, souvent, on observe un mimétisme étonnant à leur endroit. Vous avez sûrement remarqué comme certains « déteignent » dans leurs comportements ou leurs façons de parler. Ce qu'un dirigeant dit, ce qu'il fait, s'imprime fortement. Du coup, il est essentiel qu'il soit exemplaire.

Le troisième facteur est la façon dont se nouent les relations interpersonnelles. C'est extrêmement important pour tous ceux qui travaillent dans l'entreprise mais aussi pour l'image présentée à ses partenaires. D'ailleurs, il est assez facile de s'en faire une idée lorsqu'on est externe à l'entreprise. Il suffit de passer un peu de temps dans les lieux partagés. Le matin, dans le hall, quand les gens arrivent et échangent un salut avec l'hôtesse d'accueil ; un peu plus tard, devant la machine à café et, si possible, à la cantine. On a ainsi un bon aperçu de la façon dont les personnes interagissent, se respectent, se reconnaissent ou bien s'ignorent, voire se méprisent.

À ce stade, nous pouvons déjà apercevoir ce qui générera – ou pas – de l'engagement. Une histoire n'a pas besoin de n'être jalonnée que de succès ; les dirigeants n'ont pas l'obligation d'être des saints et les relations n'ont pas à ressembler à celles entretenues dans une colonie de vacances. Ce qui « emmènera » l'adhésion et la fierté de contribution, c'est plutôt l'authenticité. La perfection apparente conduit à la suspicion. En revanche, la description des étapes, avec les échecs et les gloires de l'entreprise, la personnalité des dirigeants avec leur complémentarité, et la proximité toute professionnelle des relations de travail auront du poids.

C'est dans le quotidien que se révèle l'authenticité de l'entreprise, pas dans les grands-messes ni dans les énoncés pompeux et souvent creux. Prenons l'exemple des valeurs dont il a été fait grand cas ces dix dernières années. On les a couchées sur papier glacé, on les a même exhibées sur d'immenses tableaux dans les halls d'accueil pour que les invités ne passent pas à côté. Cela me rend toujours sceptique. C'est comme l'éthique : en parler génère le doute. Les valeurs, c'est ce qui, face à une difficulté, nous fera choisir tel chemin plutôt que tel autre. Elles constituent un guide pour l'action et pas un outil de communication. La meilleure communication en termes de valeurs est celle des comportements (surtout des dirigeants). La toute première attitude que des salariés sont en droit d'exiger de la part des dirigeants, du côté des valeurs humaines, est tout simplement qu'on les traite comme on les nomme : des « ressources humaines », c'est-à-dire *« qu'on les respecte puisque ce sont des hommes et qu'on ne les gaspille pas puisque ce sont des ressources »*[1]. C'est justement le cas de l'entreprise dont il s'agit maintenant.

Avant de décrire le deuxième facteur qui caractérise une entreprise mobilisatrice, à savoir le dessein mobilisateur,

---

1. Jean-Luc Buridans.

arrêtons-nous sur l'exemple d'une entreprise qui illustre particulièrement bien la solidité et la qualité du socle qui « donne envie ».

Une entreprise « modèle »

Cette société a été créée en 1942 à Copenhague et n'a cessé de se développer depuis lors. Elle existe en France depuis 1964. Elle se présente elle-même comme une maison. Les deux fondements de l'édifice sont annoncés comme immuables : ce sont les valeurs, d'une part, et l'idée d'être une « entreprise modèle », d'autre part. Les valeurs sont empreintes d'humanisme et de progrès : engagement, respect, améliorations, initiatives et conscience. Elles sont d'abord un guide pour l'action. L'idée d'entreprise modèle signifie, selon son président : *« Une entreprise qui travaille sur des produits utiles à la société et qui traite ses clients, ses fournisseurs, ses employés de toute catégorie et ses actionnaires mieux que la plupart des autres entreprises. »*[1] Voilà qui est dit et écrit. Nul besoin de préciser que, pour un salarié, cela représente une sécurité formidable qui autorisera les plus belles audaces et donnera envie de contribuer à la vie d'une telle maison. Cela répond avec justesse à cette « quête de sens » qui habite les salariés d'aujourd'hui, échaudés par les changements brutaux de stratégie, les volte-face de leurs dirigeants ou par des discours lénifiants.

Les fondations de la maison étant stables, on peut construire : c'est le corps de l'habitat qui est constitué par la vision, c'est-à-dire ce vers quoi tout converge dans un terme de dix, vingt ans. Il s'agit de *« conduire le dévelop-*

---

1. Villum Kann Rasmussen, 1965.

pement de l'habitat et du cadre de vie grâce à l'entrée de lumière naturelle et d'air frais par le toit et d'être considérés comme les meilleurs aux yeux de nos clients ». Rappelons que « Velux » vient de « ve » (ventilation) et de « lux » (lumière), qui sont deux éléments vitaux. Pour achever la construction de notre maison, il faut poser le toit, constitué par les stratégies commerciales, les plans et les budgets opérationnels. Nous sommes là dans le court terme mis en œuvre par les équipes et connu de tous, grâce notamment au fait qu'à l'entrée de chaque service sont décrits ses missions et ses objectifs. Cet affichage est puissant par ce qu'il donne à voir en toute transparence mais aussi par l'engagement présenté. Ce qui est écrit a plus de chance d'exister que ce qui ne l'est pas.

Le tout s'emboîte parfaitement. L'ensemble est bien évidemment communiqué à tous les salariés et donne du sens à l'action quotidienne. Il est plus facile, sur cette base que sur une autre, de développer des innovations magnifiques, de faire de chaque salarié un ambassadeur des produits de l'entreprise, de susciter des initiatives heureuses et de générer un comportement engagé et exigeant. *« Nous considérons comme essentiel de ne jamais promettre plus que nous ne pourrons tenir, tout en nous efforçant de faire plus que ce que nous avons promis »,* affirme un des dirigeants.

Les dirigeants de cette entreprise expriment leur ambition en termes de « business », de produits et de services, mais témoignent aussi que la raison d'être est à rechercher plus profondément. Une fondation a d'ailleurs été créée. Pas du temps du paternalisme d'après-guerre ni lorsque c'était « tendance », il y a quelques années. Elle date d'il y a vingt-six ans. Cette fondation propose des actions de type humanitaire, à l'initiative des salariés. Bref, on trouve chez ces dirigeants de l'attention, de l'écoute et du respect.

On ne s'étonnera donc pas que l'entreprise ait su développer, au fil des évolutions technologiques, des innovations fabuleuses, et proposer des produits anticipant les demandes des consommateurs. Lors de mes quelques visites dans cette entreprise, l'envie m'est venue d'acheter une nouvelle maison pour avoir des combles à aménager...

L'entreprise, côté desseins

Côté desseins, dans l'optique de donner de la fierté de contribution, il s'agit de dépasser la seule recherche de l'enrichissement des actionnaires. Lorsque l'entreprise utilise son savoir-faire collectif pour le mettre (même si c'est accessoire) au service d'une cause supérieure, elle délivre un message fort à ses salariés. En clair, elle leur dit : « Nous pouvons, en regroupant nos compétences et nos forces, réussir un projet sociétal qu'aucun de nous ne pourrait mener seul. » On comprend que cela motive.

Là où le salarié est plus enclin à trouver un sens et donc à avoir envie de s'engager, c'est lorsque l'entreprise présente comme importante une cause que lui, personnellement, dans sa vie de famille ou de citoyen, juge essentielle. Cela peut toucher la responsabilité sociale, le développement durable, une cause humanitaire ou la défense de l'environnement. D'ailleurs, beaucoup d'entreprises l'ont intégré dans leur stratégie. C'est ce qui explique le succès des grandes opérations du type « *best place to work* ».

Permettez-moi tout de même une saine suspicion à l'endroit de ces opérations qui, de mon point de vue, mettent l'emballage à la place du produit. Je pense à ces sommes englouties dans des opérations de communication. La presse couvre des pages entières où les uns et les autres, grands groupes fortunés, affichent leur croyance, qui en la diversité, qui en l'emploi des jeunes, qui en la protection de l'environnement. On remarquera au passage qu'il est aujourd'hui de bon ton d'ajouter l'adjectif « durable » à tous ces types d'action. Comme si, face à la difficulté de vivre dans un monde où tout bouge très vite et où il faut s'adapter en permanence, on achetait un antidote à la précarité en affichant la durabilité de l'accessoire… Pour ma part, ma rébellion, aussi ancrée que durable, me conduit à traduire l'information que je reçois – « les entreprises s'engagent *et le* font savoir » –, en une évidence occultée : « Les entreprises s'engagent *pour le* faire savoir. »

Notre propos n'est pas de critiquer ces engagements ; tout ce qui est réalisé dans cette optique a des effets positifs concrets. Mieux vaut s'engager, même si c'est pour se faire de la publicité, que de ne rien faire du tout. Nous voulons seulement faire la part des choses et distinguer ce qui construit la fierté de contribution des salariés. Or, je crois qu'au-delà de l'éclat de l'affichage et de l'intention de durabilité, l'élément distinctif est la cohérence donc l'ancrage. On ne s'improvise pas « société responsable ». On peut, en revanche, constater qu'on l'est devenu. On n'est pas durable si on n'est pas solide sur ses bases.

Plus le projet d'engagement est ambitieux, plus il doit reposer sur des assises stables. C'est logique : c'est une question d'équilibre. Le sens est ce qui nous propulse d'un point à un autre. Nous sommes quelque part entre les deux. Pour y croire, nous devons évaluer la cohérence et une sorte d'équidistance entre les deux. Ce qui donne du sens, c'est à la fois le socle qui apporte la crédibilité et la solidité des fondements, et la trajectoire qui éclaire un avenir engageant, même s'il est un peu incertain. Un projet grandiose sur des bases inexistantes n'a pas plus de crédibilité qu'un dessein minable sur des fondements prometteurs. On comprendra alors que chaque entreprise est unique.

Pour illustrer notre propos, arrêtons-nous sur un exemple, modeste de par son ambition mais qui entraîna de belles répercussions en termes de fierté de contribution. Il s'agit d'une action que nous avons menée dans un groupe d'entreprises agroalimentaire, en partenariat avec un réseau associatif d'aide alimentaire.

Un partenariat original avec les banques alimentaires

La mission du groupe industriel consiste à faire la cuisine pour ceux qui, de plus en plus nombreux, n'en ont plus le temps. Leur souci quotidien est donc d'associer, avec justesse, équilibre nutritionnel et plaisir gustatif. Le fait qu'en France des personnes ne mangent pas correctement, ne peut pas les laisser indifférentes. C'est sur cette base que nous avons construit un partenariat avec la Fédération française des banques alimentaires. Ce partenariat était composé de plusieurs modules, au gré de la créativité des salariés. Je passe rapidement sur la pratique qui consiste à distribuer des produits consommables mais non vendables. Cela, toutes les entreprises peuvent le faire ; point n'est besoin de partenariat. Voici deux exemples de modules.

Le premier exemple est la prestation de formations techniques. La Fédération est composée de quatre-vingts banques régionales qui fonctionnent grâce à des bénévoles. Ceux-ci manquent parfois de compétences techniques. D'autant que, s'agissant de gestion de denrées alimentaires, les exigences sont de plus en plus prononcées. Nous avons dans nos entreprises des personnes compétentes en qualité, en hygiène-sécurité, en gestion de stock, etc. Mais ces salariés sont « surbookés » et il n'est pas imaginable qu'ils puissent se rendre disponibles. Il existe cependant une catégorie de personnes, les « anciens » – ceux qui partent à la retraite ou en préretraite – qui disposent de temps ; nous leur avons demandé de nous accorder quelques jours par an. Cela fonctionne depuis plusieurs années comme un jeu à somme positive. Prenons le cas de Daniel L., ex-patron de la qualité d'une des usines. Trois à quatre fois par an, il quitte son nid de retraité et met sa compétence au service de ceux qui en ont besoin, en l'occurrence les bénévoles de la Fédération. Son savoir est utilisé et diffusé sans que cela coûte. Les banques alimentaires en sont les premières bénéficiaires, mais notre ami Daniel aussi : il est fier d'être utile. Lorsqu'il passe au siège pour régler les questions bénignes de défraiement, il fait le tour des bureaux, embrasse les filles et montre qu'il est encore bien fringant. Les salariés trouvent formidable qu'une entreprise organise cela. Et c'est la « leur » !

Le second exemple est celui de la collecte. Ceux d'entre vous qui poussent de temps en temps un Caddie le samedi ont pu observer, une fois par an (le dernier week-end de novembre), des bénévoles solliciter les clients pour qu'en plus de leurs emplettes ils achètent quelques denrées non périssables afin de les réunir dans des cartons, au fond du magasin. Ces bénévoles viennent d'associations bien connues (Croix-Rouge, Restos du Cœur, Secours populaire, etc.). Notre entreprise avait constitué des groupes de salariés bénévoles qui avaient

83

investi quelques magasins proches du siège et des usines. C'était parfaitement anonyme : il était d'ailleurs interdit de communiquer en externe sur cette opération. Les salariés qui le souhaitaient donnaient deux ou trois heures de leur samedi, souvent d'ailleurs avec leurs enfants, profitant de l'occasion d'une belle action éducative. Aucun salarié n'aurait pris la peine de contacter une association pour le faire.

Nous avons lancé cette opération sans en pressentir l'impact positif. Il a été énorme. Imaginez la fierté des équipes qui, le samedi soir, arrivent dans les dépôts pour décharger les cartons et apprennent qu'elles ont collecté seize tonnes de produits, c'est-à-dire quatre tonnes de plus que l'année précédente ! Le froid et la fatigue sont accessoires. On est content, on est fier, on a le sourire : tout cela soude l'équipe. Le lundi suivant, au bureau, on s'informera des performances des équipes des autres régions… et les paris seront pris pour atteindre un tonnage supérieur l'an prochain. Le coût de l'opération représente, pour le responsable de cette action, deux jours de préparation afin d'organiser les groupes et de contacter les magasins. Plus le champagne pour fêter cela ! C'est moins de mille euros.

Dès qu'un projet, dont l'objectif est de générer de la fierté de contribution à partir des spécificités de l'entreprise, voit le jour, les idées ne manquent pas. Je pense, par exemple, au fait de donner aux salariés des bons de réduction habituellement utilisés comme outil de promotion. Il ne s'agit pas d'une simple réduction de prix, dont bénéficieraient les salariés. C'est bien plus que cela ; c'est une affaire de « signe », comme dans l'histoire d'Antoine. Il s'agit de permettre à ceux qui n'en sont normalement pas destinataires d'accéder à des avantages « réservés », ce qui leur donne de l'importance. Le salarié non commercial qui peut exhiber, sur sa table de salon, voire donner à des amis de passage, des bons de réduction, est perçu comme quelqu'un qui compte dans son entreprise. Cela développe immanquablement un sentiment de fierté qui donne envie de rendre la pareille.

Le premier levier pour cultiver l'engagement des collaborateurs consiste donc en une posture d'authenticité. Assise sur une raison d'être solide, sans taire les difficultés ni les erreurs, cette entreprise projette un dessein ambitieux en termes de « business », au sens le plus large, c'est-à-dire englobant les questions de société pour lesquelles, nous le savons, nous avons tous une responsabilité croissante.

Si vous adhérez à l'analyse ci-dessus mais que vous hésitez sur la manière de mettre en œuvre une telle démarche, voici quelques conseils.

1. En premier lieu, décrivez, si vous ne l'avez pas déjà fait, le chemin qui vous a mené où vous êtes, les étapes et les personnalités qui ont marqué la vie et les moments forts de l'entreprise. Et cela, sans fard. Identifiez les caractéristiques de votre société : elles sont généralement liées à la nature du produit ou du service dominant, à la place de l'entreprise dans son marché, à son mode de management, etc. Logiquement, cette description n'est pas sujette à caution puisqu'elle est factuelle. Elle constitue néanmoins un socle sur lequel chacun va ériger son unicité et donner un sens.

2. Sur ce socle, définissez, au sein de l'équipe dirigeante, votre vision et la mission, voire l'ambition, de l'entreprise que vous allez partager avec l'ensemble du personnel. C'est la nature de votre engagement, c'est le chemin tracé sur lequel vous invitez les collaborateurs à vous suivre.

1218232731343740434648505254565860626466687072747677787980818283848586878889909192

3. Indiquez les modes managériaux que vous souhaitez valoriser. Il peut s'agir de valeurs, ou tout simplement d'un référentiel de compétences managériales. Il peut y être question de courage, de loyauté, de rigueur, de coopération, etc. Il est indispensable de fournir pour chaque terme au moins trois niveaux d'exercice possible. C'est ce qui donnera matière à l'évaluation et au plan de développement.

4. Faites participer les salariés à la définition d'un dessein touchant les questions de responsabilité sociale ou environnementale. Commencez « petit ». Ne vous noyez pas dans un projet dont vous ne sauriez pas, par la suite, gérer toutes les implications. Dans un tel domaine, il est toujours plus facile d'appuyer sur l'accélérateur que sur le frein. Mieux vaut un goût de « trop-peu » qu'une indigestion. Faites confiance à la créativité des équipes pour guider le projet. Certes, il faut un pilote, mais aussi un comité de pilotage composé d'un groupe de salariés représentatifs des différentes fonctions de l'entreprise et choisis pour leur profil de type « leader d'opinion ».

5. Intégrez ce projet aux autres projets de l'entreprise : faites-lui une place dans les outils de reporting annuels. Communiquez en privilégiant la communication interne. Trop de publicité peut faire penser qu'on mène cette action pour susciter des articles de presse. Au contraire, la relative confidentialité soudera les acteurs en interne.

6. Ne sous-traitez pas cette démarche à un cabinet extérieur. Tout au plus, faites-vous aider pour démarrer ou pour assurer le suivi, ou sur certains points techniques. Inscrivez les actions dans le temps et dans la vie normale de l'entreprise.

7

La confiance, source de dépassement de soi

Ce chapitre est consacré à un levier formidable de la performance individuelle. Nous continuerons de nous appuyer sur l'observation des situations concrètes pour analyser ce qui fait « courir » et gagner les coéquipiers. La relation hiérarchique sera au centre de notre propos. Au-delà des anecdotes, deux illustrations seront exposées qui détaillent de quelle façon des individus sont amenés à donner le meilleur d'eux-mêmes et à chercher à progresser en permanence.

Efficacité et confiance vont de pair

L'efficacité d'une personne est directement proportionnelle à la confiance que l'on met en elle. Prenons un exemple : deux patrons de deux entreprises concurrentes sont conviés à la réunion de leur syndicat professionnel. Chacun d'eux, indépendamment, décide, pour des raisons d'arbitrage de priorités, de ne pas s'y rendre et de se faire représenter par un proche collaborateur. Le premier, dès sa décision prise, en informe son mandataire : « Alain, je ne peux pas consacrer une journée ce mois-ci à cette réunion. C'est pour vous l'opportunité de rencontrer les pointures de la profession. Vous aurez un point de vue qui enrichira le mien. Consultez le dossier des réunions précédentes pour vous faire une idée. Appelez le président pour vous présenter et l'écouter et consacrons une heure tous les deux un peu avant la réunion à la préparer. » Le second attend le dernier moment parce que, se dit-il, « des changements dans mon planning me permettront peut-être de participer à cette réunion ». C'est seulement deux jours avant qu'il demande à l'un de ses collaborateurs de se libérer : « Éric, je voudrais que vous me représentiez au syndicat ce mois-ci. C'est une tâche délicate. Vous savez, tout cela est très politique. Il faut faire attention à ce que vous direz. Méfiez-vous surtout du concurrent direct. Il essaiera de vous extorquer des informations sur nos projets. Je vous conseille d'être plus prudent que vous ne l'êtes habituellement. »

Maintenant, imaginons cette réunion, Alain face à Éric, au beau milieu de tous les autres patrons, débattant des intérêts de la profession, de ses relations avec les pouvoirs publics, de la politique de protection de l'environnement, des prévisions d'augmentation salariale, etc. Lequel sera le plus pertinent ?

Les situations rencontrées par chacune de ces deux personnes ne vous sont probablement pas étrangères. D'ailleurs, je parie que beaucoup se sentent sincèrement du côté du premier, en tant que patron, mais du côté d'« Éric » en tant que collaborateur. Parce que la confiance a ceci de particulier : lorsqu'on en donne, on croit en distribuer beaucoup. Lorsqu'on en reçoit, on a l'impression qu'on en mériterait davantage. On sous-estime la capacité des individus et des organisations à absorber la confiance et à l'utiliser positivement. Et pourtant, rappelons-nous comment nous avons appris à faire du vélo. Imaginons côte à côte sur une route deux grands frères tenant chacun la selle du petit frère pour lui apprendre à se lancer. Le premier lui prodigue des conseils : « Ne regarde pas par terre, tu vas tomber, fais gaffe à tes pieds, tiens le guidon droit ! » Le petit zigzague, ronchonne et s'arrête, au mieux sans tomber. Le second court à côté du petit et lui dit : « Ça y est, tu roules tout seul mon grand, formidable ! », tout en lâchant la selle…

Si quelqu'un, qui représente pour moi une référence, pense que je suis capable et loyal, je vais faire tout mon possible pour lui montrer qu'il a raison et qu'il peut continuer à me donner sa confiance. Je vais alors puiser en moi le maximum d'intelligence et d'énergie, mon élan n'étant pas inhibé par la crainte ; tout au contraire, mon esprit ouvert et mon envie de bien raisonner me rendront fertile, pertinent et efficace. J'aurai de bonnes idées, je serai convaincant. J'irai au-delà de mes limites habituelles et, par là même, je « grandirai » et me formerai.

Instaurer la confiance : première responsabilité du patron

À cet égard, la relation hiérarchique recèle un potentiel formidable. Lorsqu'elle fonctionne bien, elle peut faire des merveilles. C'est le cas, lorsque le patron devient le conseiller opérationnel de son collaborateur et que celui-ci joue le rôle de conseiller stratégique de son boss. Non, je ne me suis pas trompée. C'est ce qu'un « grand patron » m'a appris, et que, je le dis humblement, je n'ai pas compris du premier coup. Il appelait cela le

« cheminement en commun », figurant avec ses doigts deux anneaux imbriqués. Si chacun, à sa place, s'autorise à « entrer » dans la sphère de son supérieur, d'une part, et à challenger ses collaborateurs, d'autre part, cela génère, tout le long de la ligne hiérarchique, une belle énergie et une grande cohérence. Si l'on ajoute à ce qui précède le principe de subsidiarité (personne ne devrait réaliser lui-même ce qu'un collaborateur saurait accomplir), on atteint un niveau d'efficacité remarquable.

Malheureusement, les organisations modernes, avec leur complexité, leurs contours matriciels et leur taille imposante, ne cultivent ni cette proximité ni cette agilité qui nourrissent pourtant la confiance. Lorsque je parle ainsi de confiance – avec trop de passion peut-être – je rencontre généralement deux types de réserves. La première consiste à dire : « OK, mais confiance n'exclut pas contrôle. » La seconde oppose un distinguo entre confiance dans la capacité et confiance dans l'intention. En clair, entre compétence et loyauté. Ces deux remarques constituent, selon moi, deux façons de camper sur une position de repli.

Considérons d'abord la question de la confiance et du contrôle. Dans chaque organisation il existe, à des degrés divers, de la confiance mais aussi du contrôle. La question est de savoir lequel l'emporte sur l'autre. Aucune entreprise ne peut vivre ni se développer dans un climat de complète méfiance ni renoncer à toute forme de contrôle, ne serait-ce que pour assurer le reporting et les comptes. Il n'empêche que l'on privilégie toujours l'un des deux. Lorsqu'un patron passe le plus clair de son temps à contrôler, le poids relatif de la confiance diminue. À l'inverse, on trouve le collaborateur qui, s'évertuant à mériter la confiance de son patron, lui reporte faits et chiffres afin de lui « mâcher » son travail

90

de contrôle. Une étude dans ce domaine, portant sur un échantillon de 1 700 entreprises, a clairement démontré que « *les entreprises dont le modèle repose sur la confiance s'avèrent mieux armées que celles dont la culture est orientée vers le contrôle, face à la croissance, aux restructurations et à l'innovation* »[1]. Lorsqu'un patron affiche sa confiance mais, dans le même temps, souhaite tout contrôler, il reste sur le quai.

Considérons maintenant la seconde objection : « Je veux bien faire confiance mais il faut que je sois sûr que le type est capable, et qu'en plus il ait de bonnes intentions. » En clair, cela signifie qu'on le veut compétent et loyal. Facile ! Seulement, ce n'est pas de cela dont il s'agit. C'est quasiment l'inverse. C'est en « donnant » sa confiance à la personne *a priori* qu'on va lui permettre de se dépasser, donc d'être capable de produire mieux, en étant animée d'intentions positives. Autrement dit, en donnant sa confiance, on conduit celui qui la reçoit à la mériter. Bien sûr, ne soyons pas naïfs, on ne demande pas à un analphabète de rédiger un texte, ni à un brigand de transporter des biens précieux (quoique, dans le second cas, cela se discute…) Le management par la confiance procède par étapes. On commence petit et on augmente la capacité dans un cercle vertueux. Le patron qui refuse de faire confiance parce qu'il n'a pas la preuve de la capacité, n'aura jamais les collaborateurs les plus performants parce qu'il cultive leur inhibition et leur crainte plutôt que leur énergie et leur positivité.

Comment cela fonctionne-t-il ? Pourquoi la confiance génère-t-elle de l'efficacité ? Trois mécanismes sont en jeu. Tout d'abord, il y a un phénomène psychologique lié

---

1. Étude du Cabinet Roland Berger. Citée dans *La Tribune* du 1er septembre 2005, rubrique « Hommes et expertises ».

à l'ego : si j'ai la réputation d'être une personne
« capable », je vais avoir à cœur de la confirmer le plus
possible. Personne n'aime porter le bonnet d'âne. Cette
image projetée tire donc vers le haut. Par ailleurs, il existe
des liens ou enchaînements dans les comportements
humains : une sorte d'effet mécanique. De même que la
violence est souvent une réponse à l'agressivité, l'innovation a besoin pour éclore d'un minimum de liberté.
L'énergie créative ne s'éveille que dans un climat de
respect où le droit à l'erreur est reconnu.

Enfin, la confiance permet d'exercer à plein la pratique
du « challenge » mutuel, indispensable à un progrès
permanent. Se challenger sans confiance est peu efficace
car aucune remise en cause n'est possible, ce qui entraîne
des comportements de justification stérile. D'ailleurs, on
ne challenge que ceux que l'on estime dignes de
confiance. Les autres sont tout simplement jugés, ce qui
les conduit le plus souvent à se « fossiliser ». J'observe ce
phénomène assez fréquemment dans des situations où
de jeunes managers se forgent trop vite une idée – peu
flatteuse – sur des collaborateurs plus expérimentés. On
parle généralement de « pastilles » ou d'« étiquettes ». On
les évoque surtout quand elles sont « rouges ». Elles
collent effectivement longtemps.

Voilà pour la psychosociologie des comportements. À
cela s'ajoute le fait que notre monde économique, plein
d'incertitudes, génère souvent de l'inhibition, y compris à
un haut niveau. Dans ce contexte, le management par la
confiance, à contre-courant du mode dominant, donne
un réel avantage compétitif grâce à une meilleure utilisation des ressources. La question de la confiance est extrêmement discriminante parce qu'il est rare que la situation
soit neutre. On est en confiance ou on ne l'est pas. Si la
confiance existe, la relation est authentique et l'énergie

92

exclusivement dirigée vers la cible. Dans ce cas, les éventuels échecs sont assumés collectivement et on en tire les enseignements pour progresser. Si la confiance n'existe pas (que la méfiance soit forte ou faible change peu les choses), l'interlocuteur dépense beaucoup d'énergie pour gagner, souvent maladroitement, la confiance, ce qui le détourne de l'essentiel. Tout cela nuit à l'efficacité et, bien souvent, alimente le cercle vicieux de la méfiance.

Pour concrétiser notre propos, voici un témoignage qui montre l'efficacité du management fondé sur la confiance.

Illustration d'une confiance accordée

Le dernier plan social que j'ai réalisé, consistait à fermer six sièges sociaux d'un coup. Il s'agissait de procéder à une fusion organisationnelle de plusieurs entreprises, puis de rassembler toutes les équipes sous un même toit, afin qu'elles « respirent le même air » et construisent ainsi une identité culturelle commune.

Trois des six sièges sociaux étaient en province, et le nouveau site en région parisienne. Malgré les aides à la mobilité, les salariés, dans leur grande majorité, ont préféré le chèque plutôt que l'emploi qu'on leur proposait à Paris. Nous avons dû recruter plusieurs centaines de salariés lors de notre installation. Le marché n'était pas favorable et si je suivais le cahier des charges de mes collègues, l'entreprise avait le temps de mourir avant l'arrivée des nouvelles recrues. Nous avons dû changer notre perspective et avons procédé ainsi : là où il aurait fallu, en théorie, un profil expérimenté de cinq ans avec une formation poussée, nous avons engagé une personne légèrement en deçà de ces exigences. Nous lui

93

avons annoncé : « Pour occuper ce poste, vous n'avez pas l'expérience théoriquement requise. Vous n'avez pas encore prouvé que vous déteniez toutes les compétences nécessaires. Mais nous pensons que, malgré tout, vous en êtes capable et nous misons sur votre potentiel. » En procédant ainsi, je savais que nous jouions gagnants mais, sincèrement, pas à ce point ! Chacun des nouveaux embauchés se levait le matin en se disant : « L'organisation me croit capable, mon patron croit que je vais réussir. Il faut à tout prix que je leur montre qu'ils ont raison. » La personne nourrie de confiance s'installe dans une attitude dynamique qui la conduit à réussir et accélère, tout à la fois, son apprentissage. Cette posture perdure au bénéfice de tous, et surtout de l'entreprise.

Pour être honnête, je dois préciser que la réussite est attachée à une condition et signaler le point de fragilité de cette politique. Cette condition de réussite est d'accorder aux personnes le droit à l'erreur, c'est-à-dire de rendre possible (et surtout naturel) l'appel à l'aide, ce qui est normalement le rôle du manager. Le point de fragilité est qu'après deux ans, ces salariés deviennent la cible des chasseurs de têtes qui cherchent de tels profils. Si l'on ne fait pas le nécessaire pour retenir nos talents, qui s'arrachent à prix d'or sur le marché, ils nous quitteront. Or, nous sommes une entreprise, pas un institut de formation.

On pourrait, malheureusement, décrire des exemples à contresens. Ceux où les collaborateurs développent des stratégies dans le but d'être jaugés de telle ou telle façon, plutôt que pour faire gagner leur entreprise. Ceux où des patrons s'attribuent les réussites de leurs collaborateurs. Ceux où le management confie la même tâche à plusieurs personnes, les mettant ainsi en concurrence au lieu de les faire collaborer afin de produire un meilleur travail. Ceux

94

où il n'est pas permis de dire que l'on doute ou que l'on ne sait pas, de peur d'être jugé. Quelle erreur ! Au contraire, l'aveu d'une erreur, d'un doute ou même d'une ignorance, rend humain et honnête. Cela construit la confiance qui fait progresser. Confiance en l'autre et confiance en soi malgré notre grande imperfection.

Avant de décrire le système d'évaluation et de progrès de l'entreprise Carglass, je souhaite vous livrer un souvenir qui m'a marquée et aidée dans la construction de relations authentiques. Il y a une vingtaine d'années, un grand patron me racontait un épisode de sa vie professionnelle. Avec un large sourire, il m'avoua : « Et alors là, je me suis vautré. Même, je dois le dire, je me suis complètement ratatiné ! » Ce grand monsieur, bâtisseur d'empire, visionnaire et entraîneur, décrivait sans complexe un complet fiasco. Ce fut une de mes plus grandes leçons... d'humilité.

L'exemple d'un système d'évaluation au grand jour

L'entreprise Carglass a fait de la confiance un principe de fonctionnement. Cela ne se décrète pas mais s'élabore dans une pratique quotidienne : par des comportements d'authenticité, de transparence et de bienveillance. C'est ainsi que la confiance s'installe puis se développe. « Je t'en donne, tu m'en rends et je t'en redonne davantage. » On finit par fonctionner de façon limpide, sans perte de temps, sans détours politiques, au mieux pour l'efficacité de l'entreprise et au bénéfice du client.

Le système d'évaluation managériale qui existe depuis cinq ans dans cette entreprise ne fonctionnerait pas correctement s'il ne reposait sur la confiance. Au contraire, ce système alimente la relation de confiance.

95

Cela construit une culture d'entreprise valorisant l'authenticité et la simplicité, favorable au progrès permanent et collectif, sans faux-semblant.

Chaque année, en effet, tous les dirigeants sont évalués par leurs collaborateurs selon deux axes. Le premier axe concerne leurs modes de management. Ils remplissent un questionnaire portant sur les styles qu'ils croient mettre en œuvre. Dans le même temps, le questionnaire est aussi complété par leurs collaborateurs. Ils peuvent ainsi mesurer l'écart entre ce qu'ils pensent être et ce que leur équipe perçoit d'eux. Le second axe concerne le climat de travail qui résulte de leurs façons de manager. Les membres de l'équipe sont invités à noter les éléments du climat tels qu'ils les ressentent mais également à se prononcer sur le niveau idéal, selon eux nécessaire à leurs performances. C'est la différence entre les deux notations qui sera source d'enseignements et qui donnera lieu à un plan de progression.

Tous les dirigeants sont ainsi évalués, du P-DG. du groupe jusqu'aux chefs de départements. Cette évaluation n'a pour objet que le progrès. Il ne s'agit pas, à partir des résultats, de procéder à un « *ranking* » pour se séparer des 5 % moins bons. Si c'était le cas, cela ne fonctionnerait pas longtemps car la méfiance s'instaurerait rapidement. Du point de vue du spécialiste de l'évaluation, il s'agit d'une mesure formative (pour améliorer) et non sommative (pour sanctionner).

Chaque année, sur la base de ses résultats, chaque manager décide, avec son propre patron, des mesures à adopter pour améliorer les points déficients. Ces plans d'amélioration sont actés. Il faut donc s'y consacrer. Le patron est le principal accompagnateur de ce plan mais, en cas de besoin, un coach (interne de préférence) suivra la démarche et fera le point régulièrement avec le manager sur l'avancement des actions. Les moyens existent donc. Par ailleurs, le manager est encouragé à utiliser les résultats de l'enquête comme instrument de progrès collectif, en partageant les résultats avec l'ensemble de ses équipes. Il s'exposera en expliquant naturellement là où il a été déçu, là où il a prévu de progresser, là où son patron l'attend... et demandera aussi, humblement, l'aide de ses collaborateurs. Qui n'aura pas envie de contribuer à cette démarche ?

Nous rejoignons ici l'observation précédente. L'aveu de ses propres faiblesses par un supérieur hiérarchique le rend crédible et humain, ce qui est extrêmement motivant pour les équipes. Dans un monde où nul n'est parfait, l'humilité est ce qui ressemble le plus à la « quasi-perfection », telle qu'on peut l'imaginer.

Si vous êtes convaincu que l'efficacité d'une personne est directement proportionnelle à la confiance qu'on lui accorde, voici trois conseils qui vous aideront à mettre en pratique cette conviction.

1. Tout d'abord, acceptez l'irrationnel : la perception est rarement conforme à la réalité. De fait, chaque patron pense qu'il donne beaucoup mais que son propre patron est un peu « chiche » en confiance et en reconnaissance de toute sorte. Par conséquent, le premier point consiste à évaluer cette perception et à l'expliquer. L'aide d'une personne extérieure à la relation hiérarchique, ou d'un outil comme dans l'exemple ci-dessus, peut être utile.

2. Il serait présomptueux de donner des recettes. La confiance est un sentiment ; le sentiment que la personne en face de vous est digne de votre foi. Ce qui ne se met pas facilement en équation ni sur plaquette pour un séminaire de manage-

ment. Mais cela se construit indéniablement... D'ailleurs, rappelons à l'attention de tous ceux qui ont du mal à déléguer par manque de confiance, que l'on a toujours intérêt, pourvuque l'on ait une équipe un peu étoffée, à ne rien faire soi-même. Il est plus pertinent de prendre le temps de faire grandir ses collaborateurs en les guidant, en entretenant avec eux une relation de proximité qui est le ferment de la confiance. En effet, si chaque collaborateur gagne ainsi 15 à 20 % d'efficacité, c'est une performance globale qu'aucun ne pourra jamais atteindre seul, même en redoublant d'efforts.

3. Ne négligez pas les choses les plus simples et faciles. Il y a des gestes qui témoignent de la confiance, sans demander d'autre effort qu'un peu de temps et d'attention ; de la même manière qu'on souhaiterait en recevoir. S'arrêter devant le bureau d'un collaborateur, c'est lui manifester de la considération, ce qui démontre qu'il est estimé et digne d'intérêt. Prendre le temps d'écouter l'autre, c'est permettre la détection d'un « os » qui peut devenir un obstacle. Dire bonjour à ses équipes, dire merci en toute occasion, constitue un socle sans lequel les autres plans sont superficiels et fragiles. Plus cette suggestion vous semble niaise, plus il convient d'y réfléchir... et d'agir.

8

La transparence, source d'implication personnelle

Nous allons maintenant, en observant certaines scènes de la vie d'entreprise, décortiquer pourquoi et comment les collaborateurs peuvent devenir les meilleurs soutiens ou les pires obstacles à la bonne direction d'une entreprise. Nous proposerons un schéma d'information systématique, en partant du haut, selon un système organisé et fluide. Nous décrirons ensuite de quelle manière une entreprise de taille moyenne – 100 salariés – a réussi son redressement grâce à l'implication de tous.

Si je me sens écouté, je suis positif

À force d'être pris pour quantité négligeable, on développe un sentiment d'opposition. À force d'être sollicité et écouté, on développe une attitude constructive. Imaginez un tableau d'affichage fixé sur le mur de la salle de pause. Y figurent les dernières informations concernant les mouvements du personnel : arrivées, nominations, départs, changements d'organisation et quelques chiffres illustrant l'état du « business ». Vous sirotez votre café, feignant d'être absorbé par la lecture d'un document, de façon à observer, sans en avoir l'air, les réactions des lecteurs de passage qui viennent se faire « couler un petit café » entre deux réunions.

Premier passage : deux personnes regardent et commentent : « Les ventes sont plutôt meilleures... Tant mieux ! Tu as vu ? Ils ont enfin affiché la nomination de Denis. Depuis le temps que tout le monde le sait ! Tu parles d'une " news ". Et la nouvelle organisation des achats, là au moins, ça devient clair ! Ce sera plus pratique pour les solliciter... » Deuxième passage : « Tiens ! Il y a du nouveau sur le tableau ! Voyons voir... C'est vraiment bien de pouvoir, d'un coup d'œil, être au courant de l'essentiel. Peut-être pourrait-on ajouter un point sur le suivi des derniers lancements ? Je vais leur en faire la suggestion... » Troisième passage : « Ils feraient mieux d'afficher les ventes au personnel, qui change régulièrement, plutôt que cette langue de bois. Les remerciements à Françoise, tu ne crois pas que c'est hypocrite, vu comment elle se fait virer ! Et l'organisation des achats ! De toute façon, c'est incompréhensible. Ce n'est pas ce papelard qui la rendra claire. Long ou court, ton café ? »

Cette situation révèle bien l'état d'esprit des lecteurs. Il est d'ailleurs curieux de constater que les positions verticale et parallèle d'une information et d'une personne (debout devant un mur) aiguisent l'esprit critique de cette dernière, généralement dans un sens corrosif. C'est ainsi ; on n'a pas la même attitude psychologique dans le traitement des données lues, si l'on est assis face à une information délivrée horizontalement sur une table. Nous le voyons, le tableau d'affichage constitue un bon terrain d'analyse, du fait qu'il accuse les traits.

Ce qui apparaît clairement dans notre observation est la relation directe entre le fait de pouvoir (ou d'être autorisé à) intervenir et l'attitude positive. L'inverse se vérifie également : si je subis et que je ne m'imagine pas sortir de cette posture, je n'ai aucun sentiment constructif, au contraire : je suis moqueur, sarcastique ou râleur selon mon tempérament.

Les premiers lecteurs sont des salariés impliqués : ils projettent une utilisation positive de l'information au sujet de la structure achat. La critique sur le fait que l'information concernant un mouvement arrive un peu tard n'est pas franchement négative ; elle dit les choses honnêtement. Les deuxièmes lecteurs apparaissent comme des « béni-oui-oui ». Soit ils sont à la solde de la DRH, soit ce sont des personnes extrêmement positives, des modèles que tout patron souhaiterait recruter. En tout cas, ils sont impliqués au point de se sentir autorisés à faire des propositions d'évolution du modèle. Les troisièmes lecteurs, les plus intéressants pour notre analyse, représentent le gros de la troupe : « La majorité ronchonneuse. » C'est le lot de tous ceux qui n'ont pas la main sur les événements et qui sont seulement destinataires. Ce qu'ils pensent ne change rien car ils n'ont pas voix au chapitre.

Cela paraît une lapalissade ? C'est juste. Mais si c'est évident, pourquoi les entreprises sont-elles aussi frileuses à faire participer le maximum d'acteurs ? Ne croyons pas, de façon binaire, que l'on est soit « dedans », soit « dehors ». C'est un peu plus subtil que cela en a l'air. Soit on est dedans, on a son mot à dire, son action à mener, son empreinte à poser sur le cours des choses ; soit ce n'est pas le cas, et alors, on n'est plus seulement à côté ou en dehors. On est potentiellement « contre ». On

101

regarde les choses et les événements au travers d'un prisme qui amplifie fortement les points négatifs. Il en va ainsi de la gouvernance de nos entreprises...

Soit je suis « avec », c'est-à-dire que, par un canal ou un autre – celui de la hiérarchie ou celui de leader d'opinion –, je suis écouté et j'en retire le sentiment gratifiant que je peux influencer le cours des choses. Cela signifie que je fais partie d'une de ces instances qui prennent les décisions ; qu'il s'agisse du comité de direction ou d'une autre instance moins prestigieuse, je suis réellement un acteur dans le rouage de l'entreprise. Dans ce cas, si je vois quelque chose qui fonctionne mal, j'ai envie de l'améliorer. Je fais donc ce qu'il faut. Il en résulte que j'en suis satisfait, ce qui nourrit ma positivité et ma motivation à poursuivre.

Soit je fais partie des salariés qui subissent les décisions ; ce que j'en pense et ce dont je serais éventuellement capable en termes d'analyse ou d'action hors du périmètre de mon poste habituel n'est pas pris en compte. C'est comme si cela n'existait pas. Je ne me sens pas valorisé. Dans un tel cas, je regarde les comités tenir leurs réunions et se développe en moi, en réaction à ce que je ressens comme une mise à l'écart, un certain mauvais esprit. « Ils passent leur temps en réunion, ils changent d'avis tous les quatre matins, on est au courant de rien, c'est n'importe quoi, etc. »

L'une des difficultés de l'entreprise est de gérer ces sentiments contrastés qu'éprouvent les salariés quant à leur possibilité, ou non, de pouvoir influer sur les événements. De leur côté, les managers ne favorisent pas l'implication de leurs collaborateurs de manière égale. Certains les font participer, d'autres leur demandent leurs avis, d'autres encore les informent régulièrement. Mais d'aucuns leur demandent seulement d'exécuter le travail. Voyons comment orchestrer positivement l'information au travers de toute l'entreprise.

Le terreau de l'implication : être partie prenante

L'information factuelle et honnête, la tenue des instances et l'échange mature constituent le terreau de l'implication. Je soutiens, pour l'avoir expérimenté, qu'il est possible d'associer les collaborateurs aux instances, même s'ils n'y sont pas présents. Il suffit qu'une autre instance, de niveau inférieur, lui fasse écho. Si chaque salarié s'inscrit dans un collectif – ce qui semble tout de même assez logique –, et qu'il connaît le fonctionnement du niveau supérieur, il peut alors émettre des suggestions à son intention, *via* son responsable. Ainsi, au lieu de cultiver la pratique de la confidentialité des réunions des patrons, on peut y associer les collaborateurs. Dans ce cas, on encourage l'attitude positive et on récolte un esprit constructif, des idées et des remarques du terrain. Cela peut s'instrumenter plus largement dans un système de transparence orchestrée.

Prenons, par exemple, le fonctionnement du comité de direction. Réunir régulièrement les têtes de pont d'une entreprise constitue une pratique généralisée. Il s'agit, bien souvent, d'une direction éloignée de sa base. Celle-ci imagine que, dans ces réunions, on traite des questions d'une grande complexité. Pour avoir participé à ces réunions dans différentes entreprises et pendant de nombreuses années, je peux affirmer qu'il n'en est rien. Ces réunions sont plus lourdes par le coût qu'elles représentent en termes de masse salariale que par le niveau de leurs travaux. Et tant mieux, car c'est ce qui rend justement ces travaux accessibles au plus grand nombre et ce qui permet d'en finir avec ces sacro-saints domaines réservés qui font obstacle à tout partage intelligent.

J'ai personnellement expérimenté deux formes possibles de fonctionnement d'un comité de direction en termes d'ouverture. Certains s'y retrouveront. Le mode le plus fréquent est le secret ou, plus exactement, la non-gestion de l'information, ce qui ne revient pas tout à fait au même. Les membres du comité de direction ont le sentiment d'appartenir à la caste supérieure de l'entreprise. Ils y sont arrivés, après l'avoir désiré, attendu : ils entendent donc savourer cette position. C'est devenu leur apanage. Ils ne vont tout de même pas partager avec ceux qui sont à la place qu'ils occupaient pendant des années ! Ils cultivent donc le mystère et le goût de l'élitisme. Dans cette acception, il faut reconnaître que ledit comité ne maîtrise pas grand-chose en termes de management de l'information. Il laisse à chacun de ses membres l'appréciation de ce qu'il doit, ou peut, communiquer. Bien sûr, on trouvera toujours une personne qui dit tout à une bonne partie de ses équipes, pour les motiver et leur donner de quoi nourrir leur action avec un peu de vision ; de quoi aussi se faire valoir comme un patron particulièrement ouvert. C'est de bonne guerre.

Vous trouverez également d'autres dirigeants qui, prudents, ne dévoilent pas une once de ce qui s'est dit dans le comité. Le lendemain, il faut absolument être devant la machine à café, où les collaborateurs des seconds viennent s'informer auprès des collaborateurs du premier. L'information jugée importante circulera de toute façon. Il est naïf de croire qu'il en va autrement, même s'il existe toujours de façon latente une complainte sur le thème de la désinformation. Toute la question est de savoir comment : par quel vecteur, avec quels

104

commentaires et avec quelle possibilité d'« aller-retour ». À l'inverse, vous pouvez organiser l'information. Cela prend peu de temps. Il suffit que le point soit inscrit à la fin de chaque comité : sur quoi communique-t-on et pour dire quoi ? Au bout de quelques réunions, cela se fait rapidement. On confirme le tout par e-mail. Et là, on contrôle...

On peut également, si l'on veut réellement permettre aux collaborateurs de se sentir partie prenante, doubler cette information top/down d'une possibilité de questionnement. Par exemple, tous les trimestres, on ajoute un nouveau point à l'ordre du jour, un peu plus long que le précédent, qui prend quinze à trente minutes. On y accueille les questions des salariés et on y répond. La réponse sera diffusée. Des dirigeants m'ont déjà dit que cela prenait trop de temps. C'est consternant ! Car l'expérience montre que c'est bien peu de choses, eu égard à la considération que cela donne aux salariés qui s'intéressent du coup à leur entreprise. Salariés qui sont d'ailleurs tout à fait prêts à entendre que, sur tel ou tel sujet, le comité de direction réserve pour l'instant sa réponse.

Dans le monde d'aujourd'hui, dans lequel chaque citoyen a accès à une masse considérable d'informations, la rétention d'information dans l'entreprise a des relents franchement « poussiéreux ». Au contraire, rendre les salariés détenteurs d'informations et organiser l'échange permet le challenge mutuel et donc de trouver des réponses avant les concurrents. Il en va de même pour tous les processus de l'entreprise. La communication devient un axe stratégique majeur. Il convient en effet de penser en même temps chaque action et la communication qui en découle. Il faut arrêter de penser la communication comme le dernier chapitre des plans d'action, comme le supplément d'âme, qu'on peut s'autoriser à bâcler, voire à abandonner faute de temps, de moyens ou de réelle volonté de transparence. Prenons, par exemple, le reporting qui est en général, mensuel. Qu'est-ce qui empêche d'en produire une version allégée pour toute l'entreprise ? L'expérimentation d'une telle pratique est réellement porteuse d'implication et gage d'authenticité.

Exemple d'implication dans le redressement d'une entreprise

Il est facile de communiquer de bonnes nouvelles. En revanche, un dirigeant éprouve souvent une réticence à rendre publiques, même en interne, les échecs ou les difficultés de l'entreprise. C'est ainsi que l'on a vu des entreprises cesser de communiquer lorsque les résultats se sont assombris. Interrogés sur ce mutisme, les responsables bafouillent et expliquent que les difficultés les obligent à se recentrer sur l'essentiel. Tout est dit : la communication n'est donc pas essentielle à leurs yeux. C'est un gadget pour se faire plaisir par beau temps. En d'autres termes, elle ne sert pas à doter les salariés des moyens d'élargir leur regard, ni à inscrire leur action dans un ensemble, ni à leur permettre de commenter ou même de poser des questions ou de proposer des pistes d'amélioration. C'est dommage, car c'est lorsque les choses vont mal que l'on a davantage besoin que les salariés se sentent impliqués, engagés et réactifs.

C'est ce qui s'est passé chez SSL Healthcare France entre 2005 et 2007. La société perdait de l'argent. Un nouveau directeur général a été nommé pour redresser l'entreprise. Il a justement misé sur la transparence. Il a réuni l'ensemble des salariés de l'entreprise pour expliquer la situation. D'une part, les chiffres ont été mis sur la table, sans tabou. La situation financière de la société n'était pas brillante et seul le fait qu'elle soit filiale d'un groupe lui évitait une issue fatale. D'autre part, il a été clairement affiché que c'est avec les idées et l'énergie de tous qu'elle pouvait sortir du rouge. La situation exposée, il était évident pour tous qu'il convenait de se focaliser sur deux objectifs : augmenter le chiffre d'affaires en boostant les ventes d'un côté, et diminuer les coûts de l'autre. C'est avec ces deux leviers que le compte d'exploitation pouvait se redresser. Sur ces bases simples, on a fait appel aux idées des salariés, qui se sont sentis partie prenante du challenge ; ils se sont approprié le projet de redressement et ont proposé de nombreuses pistes concrètes dans les deux directions. Il serait trop long d'en faire la liste, tant étaient nombreuses les suggestions pour booster les ventes et contrôler les coûts. Prenons simplement un exemple : celui du déménagement.

Dans l'analyse des coûts, les salariés ont considéré que la ligne « loyer » était particulièrement lourde. Ils ont suggéré de l'alléger en cherchant tout simplement des locaux moins chers dans le même secteur géographique. À trois kilomètres, dans un quartier moins coûteux et nouvellement construit, l'entreprise a trouvé une superficie équivalente... Cet exemple est emblématique. D'une part, parce qu'il a impliqué les équipes, à l'instar de la politique générale de l'entreprise. D'autre part, parce qu'il s'agit du lieu de travail, avec toute sa symbolique de « toit partagé, abritant le même air que tous respirent ». Imaginez la façon dont se serait déroulé le projet si la direction avait pris la décision unilatérale de déménager.

Dans notre cas, les salariés, se sentant responsables, ont pris les devants car cette économie était, somme toute, moins douloureuse que d'autres. Ils ont proposé puis contribué. Finalement, le projet a été mené entièrement par les équipes. Ce fut un grand succès qui a, en même temps, marqué l'avènement d'une nouvelle ère. Les salariés ont également suggéré la mise en place de processus d'information systématique. Ce qui a été fait. Des réunions régulières se sont tenues dans chaque service et aussi entre les services. Dans le processus d'implication du personnel, toutes les idées ont reçu une réponse : soit pour dire qu'elles étaient retenues, soit pour expliquer pourquoi elles ne l'étaient pas. Le ton employé fut simple, clair ; à l'image de toute la communication. Cette transparence – le fait de dire les choses – génère en réponse un comportement responsable. De gouvernés, les salariés sont passés force de propositions. Ils ont donc naturellement pris une posture de responsables de leurs destins. En un an, la situation a nettement évolué. La deuxième année, la direction a fait connaître sa stratégie de marque et, à partir de là, les salariés ont pu proposer des idées de plans d'action pour donner du corps à cette stratégie. Le pli était pris.

Une enquête interne a été diligentée dont il est ressorti que les salariés comprenaient la stratégie, y adhéraient et étaient fiers de contribuer à l'atteinte des objectifs. La troisième année, l'entreprise dépassait largement les objectifs fixés par le budget. Une grande victoire. Entre-temps, des concurrents sont entrés dans le marché et les clients sont devenus plus exigeants. Il a donc fallu passer à la vitesse supérieure. C'est le challenge actuel auquel sont confrontés les dirigeants qui poursuivent assidûment dans la voie de la transparence et de l'implication, donc de la responsabilisation des équipes.

Si vous adhérez à l'analyse ci-dessus mais que vous hésitez sur la manière de mettre en œuvre une telle démarche, voici quelques conseils.

1. Vérifiez que chaque salarié, quels que soient son rôle et son positionnement, a bien une place dans un collectif avec des pairs, animé par un responsable et que cette organisation fonctionne avec un minimum de formalisation. Chacun doit pouvoir, de façon régulière, en fonction de sa position (ce peut être hebdomadaire, mensuel ou annuel selon les lieux et fonctions), rencontrer un patron, l'entendre et pouvoir lui poser des questions. Le cas échéant, relevez les « trous dans le filet », qui sont autant de poches de contestation à terme, et assurez-vous de les combler.

2. Dans les sites de production où la présence sur ligne est requise à tous les instants, une formule spécifique sera mise en place, dont le caractère un peu exceptionnel conférera davantage d'importance aux personnes concernées.

3. Veillez à ce qu'au-delà des différences liées aux personnalités, il n'y ait pas trop de divergences à un même niveau entre les informations reçues par un service et par un autre.

4. Utilisez les outils électroniques : Intranets, forums, etc., avec les sécurités requises. Cela peut nécessiter d'affecter une personne à cette tâche.

5. Ne laissez pas de question sans réponse, quitte à expliquer que vous différez pour l'instant en fournissant la raison.

6. Prenez soin de la cohérence entre l'information interne et l'information externe. Cette distinction est assez bureaucratique ; en réalité, la communication faite à l'extérieur est le plus puissant outil de communication interne. Lorsque l'on parle de l'entreprise dans un média public, le sentiment de fierté des salariés est bien supérieur à celui qui résulte de la lecture du journal interne...

Conclusion

Des raisons d'y croire

Les relations de travail se sont tendues ces dernières décennies, notamment sous l'effet de la concentration des entreprises. La globalisation a réduit considérablement l'initiative individuelle. La pression des résultats à court terme a interdit les stratégies à moyen terme, seules porteuses de sens pour l'engagement des salariés. Tout le monde s'accorde sur ce constat. La littérature et la presse regorgent de chiffres et d'analyses qui déplorent cet état de fait. La Sofres nous indique qu'en 1989, 63 % des Français étaient prêts à faire des sacrifices personnels pour leur travail et qu'ils ne sont plus que 27 % aujourd'hui. Un autre institut nous informe que 41 % des managers trentenaires déclarent ne pas adhérer aux valeurs de leur entreprise, que 75 % des jeunes diplômés ne souhaitent pas ressembler aux patrons en poste, et que pour 67 % des managers, leurs patrons ne sont pas exemplaires[1]. Les sociologues décrivent avec inquiétude la rupture entre les cadres et leur entreprise[2]. Le cabinet Tower

© Groupe Eyrolles

---

1. Institut Guillaume Tell, *Tendances*, étude nationale, 2005.
2. François Dupuy, *La Fatigue des élites : le capitalisme et ses cadres*, Seuil, 2005.

Perrins rapporte que seulement 14 % des salariés français sont « très engagés » et 15 % au niveau européen. Les tentatives pour chiffrer le coût de ces situations sont nombreuses. On lit le chiffre de 2 % du PIB au plan national. Il est probable que le coût social lié à l'augmentation des maladies professionnelles sera colossal. Bref, tout le monde reconnaît que *« le seul critère décisif et durable de la compétitivité des entreprises est la motivation des salariés »*[1].

Lorsque vous rencontrez une entreprise dont la performance en termes de croissance interne est bien supérieure à celle du marché, interrogez les dirigeants. Il y a tout à parier que l'explication se trouve dans le facteur humain. Ne soyons pas naïfs. Il y a peu de chances que la tendance à la centralisation des décisions, à la pression du court terme et à la distanciation des pouvoirs s'inverse. Toutefois, le déséquilibre ne peut pas perdurer indéfiniment. La question fondamentale est donc : « Comment recréer un équilibre ? » Je ne vois qu'une solution : celle de l'énergie et de la force que le « micromanagement à moyen terme » opposera au poids de la « macrofinance à court terme ». C'est l'affaire des managers et surtout des dirigeants. Face à la prolifération des tableaux de bord et à la rationalité des standards et des process, il faudra bien instiller un peu de vie. Or, c'est cette vie que je vois poindre comme une lueur d'espoir.

Depuis peu, certains mots, que l'on n'aurait pas entendus il y a vingt ans, font leur apparition : émotion[2], bonheur[3],

1. Oliver Gottschalg, interviewé dans *Les Echos* du 10 novembre 2005, cahier « L'art du Management ».
2. Daniel Goleman, *L'Intelligence émotionnelle*, Robert Laffont, 1999. et Didier Hauvette, *Le Pouvoir des émotions*, Éditions d'Organisation, 2004.
3. Jacques Salomé, *Oser travailler heureux*, Albin Michel, 2000.

gentillesse[1]. C'est comme si une permission nous était donnée de remettre en cause le mode dominant de virilité dépassé pour s'autoriser un peu d'authenticité. Il y a de l'énergie dans l'irrationnel, de la créativité dans l'émotion, et l'efficacité s'accroît quand on éprouve le sentiment d'être heureux. Tout simplement. Pour que les personnes mettent plus d'elles-mêmes dans le travail, il faut qu'elles y trouvent un intérêt. C'est évident. Le patron a le pouvoir de susciter cet intérêt grâce à un management renouvelé, fondé sur l'écoute, le respect et la considération. Plus les incertitudes à gérer seront nombreuses, plus il faudra se serrer les coudes dans une relation de confiance où chacun mettra le meilleur de lui-même. Les plans, les budgets, les reportings, devront toujours être produits, mais il faut bien admettre qu'ils relèvent du « mécanique » et non du vivant. Or, le vivant engendre le mécanique et pas l'inverse. C'est là que le bât blesse et c'est par ce biais que l'on rétablira l'équilibre.

La primauté du vivant sur le mécanique passera par davantage d'enthousiasme, d'écoute et d'engagement. Il ne s'agit plus de méthode mais d'un état d'esprit. Je crois que cela adviendra par trois raisons.

D'abord parce que c'est la condition de la performance.

Deuxièmement parce que la prise de conscience de l'importance du capital humain se développe d'année en année.

Et enfin, parce que les prochaines génération de managers en seront plus capables que nous. En effet, les changements qui sont en train de s'opérer dans les mentalités sont particulièrement forts.

---

1. Linda Kaplan Thaler et Robin Koval, *The Power of Nice*, Currency, 2006.

Sociovision – Cofremca[1] qualifie de « troisième modernité » l'ère dans laquelle nous entrons. La société française, selon ses observations, change en profondeur[2]. Très succintement, on peut en évoquer trois apects. À l'esprit de compétitivité succède « l'esprit de combine » ; les comportements respectueux de l'environnement se multiplient et la culture de l'hédonisme se développe. Il y a fort à parier que ces évolutions impacteront positivement le mode de gouvernance, les styles de management et les relations dans l'entreprise.

Je crois en la capacité des jeunes générations à relever ce challenge car je les vois gérer leur vie avec davantage de maturité, d'authenticité et de sens de l'humour que leurs aînés. J'ai l'espoir qu'ils sauront remettre en cause les modes dominants et faire taire les langues de bois. Ils seront les patrons que l'on aura envie de suivre.

Dans ce contexte, grâce au développement de l'estime de soi, de l'écoute de l'autre et de l'intelligence collective, un nouvel équilibre s'imposera. En exploitant mieux le capital humain, au sens noble du terme « exploitation », on déplorera moins de « perte en ligne » et ce capital se valorisera au fur et à mesure de son utilisation. La productivité et la compétitivité s'en trouveront améliorées sans qu'il soit nécessaire de travailler plus...

On l'aura compris, l'essentiel est assurément de travailler mieux.

---

1. www.sociovision.com
2. L'édito de *La lettre de Sociovision – Cofremca* de juillet 2007, n° 61.

114

Bibliographie

Arnaud Jean-Pascal, Patrick Bouvard, *RH fiction et réalités*, Éditions d'organisation, 2005.

Autissier David, Frédéric Wacheux, *Manager par le sens : les clés de l'implication au travai*, Eyrolles-Éditions d'Organisation, 2006.

Bertin Évelyne, *Développer le capital humain de l'entreprise*, EMS, coll. « Pratiques d'entreprises », 2004.

Bouvard Patrick, Heuzé Jérôme, *Insupportables pratiques : guide d'action pour lutter contre les abus de pouvoir, les manipulations...*, Eyrolles-Éditions d'Organisation, 2007.

Crozier Michel, *L'Entreprise à l'écoute : apprendre le management postindustriel*, Seuil, coll. « Points », 1994.

Dupuy François, *Le Client et le Bureaucrate*, Dunod, coll. « Stratégie et management » 1998.

Dupuy François, *La Fatigue des élites : le capitalisme et ses cadres*, Seuil, coll. « La République des idées », 2005.

Goleman Daniel, *L'Intelligence émotionnelle*, Robert Laffont, 1999.

Hauvette Didier, *Le Pouvoir des émotions*, Éditions d'organisation, 2004.

Institut Montaigne, *Comment fait la France quand elle gagne : ce qui marche bien chez nous, et comment s'en inspirer*, préface de Claude Bébéar, Plon, 2006.

Joule Robert-Vincent, *Petit traité de manipulation à l'usage des honnêtes gens*, Presses Universitaires de Grenoble, coll. « Vies sociales », 2004.

Kaplan Thaler Linda et Robin Koval, *The Power of Nice*, Currency, 2006.

Le Boucher Eric, *Économiquement incorrect*, Grasset, coll. « La Petite Collection blanche », 2005.

Martin Bertrand, Vincent Lenhardt, Bruno Jarrosson, *Oser la confiance : propos sur l'engagement des dirigeants*, Insep consulting, 1996.

Parisot Laurence, *Besoin d'air*, Seuil, 2007.

Peyrelevade Jean, *Le Capitalisme total*, Seuil, coll. « La République des idées », 2005.

Philippon Thomas, *Le Capitalisme d'héritiers : la crise française du travail*, Seuil, coll. « La République des idées », 2007.

Plansoc Françoise, *DRH.Con : quand le capital humain s'éveillera*, Éditions 2020, 2005.

Roux de Bézieux Geoffroy, *Salauds de patrons ! : pourquoi les Français n'aiment plus leurs chefs d'entreprise*, Hachette, 2007.

Salomé Jacques, *Oser travailler heureux*, Albin Michel, 2000.

Seghers Virginie, *Ce qui motive les entreprises mécènes*, Autrement, 2007.

Thévenet Maurice, *Management, une affaire de proximité*, Éditions d'Organisation, 2003.

Remerciements

Je remercie mes patrons de m'avoir fait confiance, mes équipes de m'avoir appris le management du bon sens et mes collègues de m'avoir « supportée ».

Dans le cadre de l'écriture de ce livre, je remercie tout particulièrement trois amis. Gilbert Hyvernat, qui m'a conseillée sur la structure et m'a encouragée dans l'expression de mes idées. Jean-Luc Buridans, qui a accompagné mon cheminement et validé les étapes de mon projet. Et Thibault Cazeneuve, qui a apporté patience et précision pour corriger dans le détail les approximations syntaxiques que comportaient les premières épreuves.

Enfin merci à Michel Langrand, Éric Girard et Joëlle Brunet Naman, respectivement directeurs généraux de Velux® France, Carglass® France et SSL Healthcare France, pour m'avoir autorisée à utiliser les succès de leurs entreprises afin de nourrir mon propos.

Table des matières

www.ingramcontent.com/pod-product-compliance
Lightning Source LLC
Chambersburg PA
CBHW070407200326
41518CB00011B/2101